CRISTÃOS NAS TERRAS DO CÃ

FUNDAÇÃO EDITORA DA UNESP

Presidente do Conselho Curador
Mário Sérgio Vasconcelos

Diretor-Presidente
José Castilho Marques Neto

Editor Executivo
Jézio Hernani Bomfim Gutierre

Assessor Editorial
João Luís Ceccantini

Conselho Editorial Acadêmico
Alberto Tsuyoshi Ikeda
Áureo Busetto
Célia Aparecida Ferreira Tolentino
Eda Maria Góes
Elisabete Maniglia
Elisabeth Criscuolo Urbinati
Ildeberto Muniz de Almeida
Maria de Lourdes Ortiz Gandini Baldan
Nilson Ghirardello
Vicente Pleitez

Editores Assistentes
Anderson Nobara
Jorge Pereira Filho
Leandro Rodrigues

RAFAEL AFONSO GONÇALVES

Cristãos nas terras do Cã
As viagens dos frades mendicantes nos séculos XIII e XIV

editora
unesp

© 2013 Editora UNESP

Direitos de publicação reservados à:
Fundação Editora da UNESP (FEU)

Praça da Sé, 108
01001-900 – São Paulo – SP
Tel.: (0xx11) 3242-7171
Fax: (0xx11) 3242-7172
www.editoraunesp.com.br
feu@editora.unesp.br

CIP – Brasil. Catalogação na fonte
Sindicato Nacional dos Editores de Livros, RJ

G627c

Gonçalves, Rafael Afonso
  Cristãos nas terras do Cã : as viagens dos frades mendicantes nos séculos XIII e XIV / Rafael Afonso Gonçalves. São Paulo: Editora Unesp, 2013.

  Recurso digital, il.
  Formato: ePDF
  Requisitos do sistema: Adobe Acrobat Reader
  Modo de acesso: World Wide Web
  ISBN 978-85-393-0482-0 (recurso eletrônico)

  1. Idade Média – História. 2. Seitas cristãs medievais – História – Idade Média – 600-1500. 3. Civilização medieval. 4. Livros eletrônicos. I. Título.

13-04825   CDD: 940.1
                                         CDU: 94(4)'600/1500'

Este livro é publicado pelo projeto Edição de Textos de Docentes e
Pós-Graduados da UNESP – Pró-Reitoria de Pós-Graduação
da UNESP (PROPG) / Fundação Editora da UNESP (FEU)

Editora afiliada:

Asociación de Editoriales Universitarias
de América Latina y el Caribe

Associação Brasileira de
Editoras Universitárias

Para a Carol e o Henrique.

AGRADECIMENTOS

A elaboração e a confecção deste texto se devem a algumas pessoas que tenho agora a oportunidade de expressar meus sinceros agradecimentos.

À Susani Silveira Lemos França, por toda atenção e carinho com que orientou a pesquisa de mestrado que deu origem a este livro, com uma competência e cuidado dignos de toda minha admiração. Grande parte dos pontos positivos deste texto se deve a ela. Agradeço a cuidadosa leitura e sugestões efetuadas pelos professores José Rivair Macedo, Flávio de Campos, Denise Aparecida Moura e Gabriel Passetti.

Expresso também meus profundos agradecimentos a alguns amigos que, além de contribuírem diretamente em minha formação e em discussões sobre o presente texto, foram responsáveis por muitos bons momentos vividos durante esse período. São eles: Jean Marcel de Carvalho França, Rafael de Oliveira Falasco, Michelle Souza e Silva, Simone de Almeida e Tamara de Lima.

Agradeço o imprescindível incentivo de minha família, especialmente aos meus pais, Eva Cristina Afonso Gonçalves e Antônio Carlos Gonçalves Rosa, e aos queridos André Afonso Gonçalves, Carlos Eduardo Afonso Gonçalves, Cristiane Andrioli, Wilson Roberto Viotti e Ana Maria Viotti.

8 RAFAEL AFONSO GONÇALVES

Aproveito também para agradecer aos funcionários da Seção de Pós-Graduação e da Biblioteca da Unesp, *campus* de Franca, da Biblioteca Padre Labret da Ordem dos Pregadores e da Biblioteca Redentorista da Congregação Redentorista de São Paulo, por todos os serviços prestados. E, por fim, à Capes, pelo apoio financeiro à pesquisa.

É ainda delicado aquele ao qual a pátria é doce; todavia é já forte aquele para o qual qualquer terra é a pátria; mas na verdade é perfeito aquele para o qual o mundo inteiro é um exílio.

Hugo de São Vitor, *Didascalicon*

SUMÁRIO

Prefácio   13

Apresentação   17

1 Da "rejeição do mundo" à missão de olhar para fora   25

2 O reconhecimento das terras e gentes orientais   99

Considerações finais   161

Referências bibliográficas   167

Anexos   181

PREFÁCIO

No livro VII da *Historia Naturalis*, de Plínio, obra que serviu de base para o enciclopedismo medieval, Aglao de Psófis aparece situado pelo oráculo de Delfos no topo da lista daqueles que gozaram de felicidade excepcional, ou seja, é apontado como o homem mais feliz do mundo; sua felicidade, segundo o oráculo, devia-se ao fato de ser ele:

> um homem idoso que cultivou uma propriedade pequena, mas amplamente suficiente para sua provisão anual, em um lugar afastado da Arcádia, o qual nunca tinha deixado; e, sendo (como o seu tipo de vida mostrou) um homem que teve poucos anseios, experimentou uma dose muito pequena de desgraça na vida.[1]

O exemplo de Aglao, que não se atreveu a dar um passo para além dos limites da sua terra, não foi certamente o louvado pelos homens dos séculos XIII e XIV que são objeto desta investigação de Rafael Afonso Gonçalves, publicada pela Editora Unesp. Mais dignos de reconhecimento, ao contrário, parecem ter sido, segundo o autor, aqueles que, sem temer ou ignorar os infortúnios ineludíveis nas

---

1 Pliny the Elder. *The Natural History*. Trans. John Bostock, Henry Thomas Riley. London: H. G. Bohn, 1855. Livro VII, cap. 47.

14 RAFAEL AFONSO GONÇALVES

viagens daquele tempo, aventuraram-se para além do aconchego das suas terras em busca de conhecer e dar a conhecer aos seus o que havia do outro lado do mundo, fazendo, assim, jus à crença de que os ocidentais, por estarem "no sétimo clima, [...] regido pela Lua, que tem um movimento rápido" e é conhecida como o "planeta de passagem", tinham "condição e vontade" para se deslocarem e caminharem por caminhos diversos[2] (*Viagens de Jean de Mandeville*).

Esses exploradores estudados por Gonçalves no livro não são, porém, homens que se arriscaram pelo simples prazer ou pela simples vontade de percorrerem terras ignotas, são antes homens cujo objetivo político-religioso foi balizador dos seus percursos. Franciscanos e dominicanos, sobretudo, esses viajantes assumiram e definiram para si uma tarefa – a de expandir a fé cristã – que, longe de ser nova, ganhava configurações particulares a partir do século XIII, quando o destino prioritário dos missionários passou a ser as terras do Oriente e o império que ali ascendia com força notável, o império tártaro.

Percorrendo os relatos deixados por esses visitantes das terras orientais, o historiador põe, pois, a nu o caráter duplo das viagens, como prática e como objeto narrativo, ou seja, considera em pé de igualdade o que envolve os deslocamentos efetivos e o que cerca e limita o que se registra deles. O resultado é um mapeamento das alegações desses dominicanos e franciscanos em defesa de que viajar e observar a diversidade do mundo exterior, paisagens, povos e costumes não era para ser tomado como algo pecaminoso, como afastamento das preocupações espirituais, era antes um caminho para encontrar as manifestações diversas de Deus no mundo sensível.

Um duplo deslocamento, como mostra o livro, resulta dessas novas crenças. Por um lado, muitos são os indícios deixados nas narrativas de viagem dos séculos XIII e XIV que indicam que o prazer e os ensinamentos a serem tirados da leitura desse tipo de texto já não eram provenientes apenas da recordação das passagens bíblicas, mas também das notícias sobre as peculiaridades, inclusive estranhezas e

---

2 *Viagens de Jean de Mandeville*. Tradução, introdução e notas de Susani Lemos França. Bauru: Edusc, 2007, p.157.

CRISTÃOS NAS TERRAS DO CÃ 15

maravilhas, dos mundos de lá. Por outro, o próprio sentido missionário se redefine, pois, como sugeriu o frade franciscano Riccoldo de Monte Croce, para melhor difundir a fé era preciso estar iniciado não só na doutrina cristã e nos seus preceitos, mas também estar preparado para os obstáculos que se encontrariam e para as variedades do mundo de além-mar, de suas línguas e de seus costumes.

Gonçalves, pois, colocando em diálogo fontes de origens diversas, mas unidas pelo ideal de expansionismo religioso, conduz-nos por um mundo em que se revelam não apenas novos devotos e sua nova forma de interpretar o mundo sensível, mas também começa a se definir uma imagem dos homens e terras do Oriente que não teria pouca duração. Uma imagem, contudo, que, longe de ser unificada, era matizada em cores negativas e positivas, de forma que os tártaros dos relatos vão sendo ora destacados por sua incapacidade de alçarem à condição de cristãos, dada sua natureza desventurada, ora contemplados por sua grandiosidade e por sua suposta propensão a se juntarem aos cristãos na luta contra seus inimigos históricos, os muçulmanos.

De montanhas a planícies, passando por desertos, grandes cidades e cortes portentosas, o percurso de Rafael Gonçalves nos ensina como o mundo dos cristãos foi aos poucos ampliado e como um mundo, não novo mas outro, passou a fazer parte do universo dos possíveis desses cristãos. A partir das viagens de outrora, viajamos nós pela rememoração dos viajantes do final da Idade Média, uma rememoração, como mostra o autor do livro, conduzida por um arcabouço vocabular relativamente restrito: de um lado, nomes de cidades, igrejas, rios, portos, personagens bíblicas, imperadores, cortes; de outro lado, indicações úteis a qualquer viajante, como distâncias, condições de deslocamento, perigos, dificuldades, benefícios encontrados. Viajamos também por um conjunto de referências aceitas como certas e verificadas: histórias bíblicas, legendas, menções à grandeza de certos reinos orientais, descrições de hábitos "invertidos" de certos povos não cristãos encontrados pelo caminho. Esse universo de referências, mostra-nos o livro, foi alimentado por dados lidos e dados extraídos da experiência, dados articulados de forma a tornar convincentes as recordações de viagem, bem como de modo a seduzir e estimular outros cristãos para a missão de expansão da fé católica e o encargo de dar forma a um mundo nas imediações e para além dos mares Mediterrâneo, Egeu, Negro e Vermelho.

Susani Silveira Lemos França

Apresentação

O frade franciscano conhecido como C. de Bridia afirmou, em meados do século XIII, que "o mundo é dividido em duas partes principais, isto é, a oriental e a ocidental, estendendo em largura entre os pontos de verão e inverno e o amanhecer e o pôr do sol" (*The Vinland Map...*, 1965, p.54).[1] O religioso escrevia para contar a seus superiores sobre seu encontro com um grupo de viajantes recentemente chegados da "parte oriental" e, principalmente, sobre tudo aquilo que eles haviam avistado nessas terras. Assim como outros homens de seu tempo, esses religiosos estavam interessados em saber sobre lugares que vinham exercendo um grande fascínio nos cristãos do século XIII e que continuaram, no século XIV e muito depois, a chamar a atenção dos homens das partes ocidentais. Se ainda hoje a alteridade do Oriente causa certo espanto, a admiração com que os medievais olharam para aquelas terras foi sem dúvida maior, dado que agravada pelo desconhecido. É "em um outro mundo", por exemplo, que o viajante Guilherme de Rubruc diz ter "entrado" quando chegou em território tártaro, em período próximo à narrativa do citado C. de Bridia. O que hoje, pois, costu-

---

1 Todas as citações diretas efetuadas a partir de obras originalmente escritas em língua estrangeira foram traduzidas por nós.

mamos chamar naturalizadamente de Oriente era, então, definido de forma menos precisa e estável, já que era outra a natureza dos conhecimentos sobre aquelas partes.

A noção de "Oriente" como um conjunto geográfico claramente delimitado e caracterizado por uma herança cultural diversa da ocidental não pode ser datada antes do final do século XVIII (Carrier, 1995, p.9-10). Produto de um grande corpo de saberes literários, erudito e científico, o "Oriente" inventado na Europa dos séculos XVIII e XIX estava estritamente ligado ao processo de colonização do continente asiático (Said, 1990). A terminologia empregada nos escritos dos séculos XIII e XIV, no entanto, denuncia outra forma e outro sentido das terras e dos homens situados ao Leste da Europa, um lugar, pois, muito diverso daquele que conhecemos atualmente. A grande maioria das referências encontradas nos textos medievais é formulada a partir de termos como "partes orientais", "países orientais" ou mesmo "partes do leste".[2] Tais termos indicam que, diferentemente do significado contemporâneo, aquelas terras não eram entendidas de forma homogênea, delimitadas dentro de um bloco fechado e contraposto ao Ocidente. A ausência do artigo que precede o termo atual – o Oriente – e o uso recorrente do plural apontam para a diferença na forma de entender aquelas terras. É, pois, da construção desse modo ainda pouco específico de compreender as terras ao extremo leste da cristandade que trata este livro.

Nosso principal objetivo é interrogar como surgiu o interesse dos cristãos pelas "partes orientais" nos séculos XIII e XIV e como se produziu um conhecimento sobre estas a partir, sobretudo, de relatos de viagens. Não se trata, portanto, de uma tentativa de apreender o modo como os orientais representaram a si mesmos, nem, muito menos, de captar um Oriente supostamente "real" contraposto às referências de maravilhas e exotismos difundidas sobre essa região no medievo. Nossa preocupação é, sim, perceber como as terras a leste da cristandade foram incorporadas ao universo das reflexões

---

2 *"Partibus orientalis", "partes orientales", "partes et homines orientales".*

CRISTÃOS NAS TERRAS DO CÃ   19

dos cristãos medievais, procurando compreender os limites dessa "aparição", bem como as justificativas para que esse "outro mundo" merecesse a atenção dos fiéis cristãos.

Como os relatos de viagens e as descrições acerca dos orientais não se concentraram em apenas um reino ou uma região cristã específica, não nos restringiremos a uma parte da cristandade, ou melhor, os viajantes não serão selecionados a partir de um reino específico ou de uma suposta nação em processo de formação.[3] O processo de valorização do conhecimento sobre o continente asiático, a nosso ver, não está relacionado com a formação de nenhum Estado nacional ou país em particular, mas com a construção de uma imagem dos orientais compartilhada no mundo cristianizado. Como nos diz o viajante João de Pian del Carpine sobre seu relato de viagens, de meados do século XIII, trata--se de "um assunto da cristandade" (Carpine, 2005, p.78). É possível identificar em diversos lugares da cristandade uma certa padronização no processo de valorização dos relatos de viagem dentro de um tempo relativamente bem delimitado. O período recoberto por esta reflexão abrange, assim, de meados do século XIII, quando se começa a buscar informações das partes orientais, até meados do século XIV, quando as fronteiras do Leste da Europa se fecham novamente e conflitos dentro da cristandade levam os religiosos a se preocupar mais com a unificação da fé dos cristãos do que com a conversão dos infiéis orientais.

Se a partir do século XIII a cristandade volta seu olhar para os povos do continente asiático, os séculos anteriores foram marcados por um grande desinteresse mútuo. Diferentemente do que aconteceu com a América algum tempo depois, inexistente no pensamento ocidental até sua "descoberta" ou "invenção" (O'Gorman, 1992) no final do século XV, o que é delimitado como Ásia já era conhecido pelos europeus desde a Antiguidade, estando presente em obras de grande circulação na Idade Média, como *De mirabilibus mundi*, de Solino, o *Romance*, de Alexandre, ou mesmo as famosas *Etimologias*, de Isidoro de Sevilha. Um "outro mundo", dizem os viajantes do período, e

---

3 Sobre a ideia de Nação na Idade Média, cf. Tipton, 1972; Guenée, 1981; Torres Sans, 2001.

não em um "novo mundo", como foi posteriormente caracterizado o continente americano. O que alimentou essa ignorância até o final do século XII pode ser definido como resultado de um profundo desinteresse pelos lugares localizados além da cristandade, excetuando, é claro, a região Palestina. Esse direcionamento específico devia-se, em grande medida, à força da ideia de "rejeição do mundo", ou seja, às propostas de alienação e negação da sociedade profana e de isolamento total da civilização urbana, entendida como um obstáculo à salvação.[4] Esse tipo de informação, de acordo com tais crenças, era considerado simples curiosidade, inútil ao aprimoramento espiritual dos fiéis e, portanto, desprezável.

É da retomada do interesse europeu por essa parte do mundo, a partir do século XIII, que trata o primeiro capítulo desta obra. Para tanto, apontamos primeiramente para os principais motivos e argumentos que fundamentavam a indiferença dos homens do medievo em relação às terras orientais. Destacaremos o papel desempenhado pelo ideal de "rejeição do mundo" e da associação entre as viagens e a curiosidade para a manutenção desse desinteresse, dando ênfase ao século XII, período que precedeu as grandes missões ao continente asiático. Far-se-á necessário, todavia, retomar algumas obras escritas em períodos mais recuados, dada a recorrência de suas formulações na grande maioria dos escritos de viagem produzidos no período sobre o qual nos debruçamos. Assim, autores como Santo Agostinho e São Bento foram mais cuidadosamente examinados, por sua importância e repetição nos escritos dos séculos XII, XIII e XIV.

Após mapearmos os principais fundamentos do desinteresse em relação ao conhecimento das terras distantes, procuraremos investigar como, em meados do século XIII, se configuraram algumas alterações no modo como os homens, principalmente os religiosos, entendiam sua relação com o mundo sensível, passando a dedicar variadas obras sobre as características das numerosas terras e povos até então conhecidos. A hipótese central apresentada é a de que as duas principais ordens mendicantes fundadas no período, Ordem

---

4 Sobre o ideal de *rejeição do mundo*, cf. Graboïs, 1998; Zumthor, 1994.

CRISTÃOS NAS TERRAS DO CÃ 21

dos Menores e Ordem dos Pregadores – ou, como também são conhecidos, franciscanos e dominicanos –, cumpriram um papel fundamental na construção de um aparato discursivo capaz de legitimar o conhecimento de outras terras e povos, conhecimento anteriormente rebaixado e definido como um saber vicioso. Por fim, procuraremos examinar alguns dos conhecimentos considerados adequados, legítimos e apropriados sobre aquelas terras. Tais informações e notícias adequadas, além de isentarem o relato de qualquer acusação, poderiam auxiliar seu autor a atingir a tão desejada salvação cristã.

A filtragem desses conhecimentos, considerada necessária para reafirmar a validade da narrativa, acabou por implicar também uma seleção daquilo que deveria preencher o relato e do que deveria ser ignorado pelo viajante e, consequentemente, por seu leitor. Essas escolhas, recortes, exclusões, inclusões e normatizações sociais – examinadas no primeiro capítulo – ajudaram, portanto, a delinear aquilo que foi chamado de "partes orientais" nos séculos XIII e XIV. Em outras palavras, um direcionamento específico do olhar dos viajantes foi decisivo para que pudessem formular um sentido para a existência dos diversos povos avistados que persistiu por muito tempo e, da mesma forma que foi alimentado por referências antigas, alimentou as modernas. É sobre a organização dessas informações e acerca dos sentidos construídos pelos viajantes para as terras vistas e vislumbradas pelos lados do Leste que trata o segundo capítulo deste livro. Uma das grandes inquietações dos viajantes era conhecer o império do Grande Cã tártaro, que se estendia do Leste da Europa até o extremo oriente do continente asiático. Por isso, privilegiamos o império tártaro dentre os diversos povos orientais mencionados pelos viajantes. Além disso, outras regiões mais próximas da cristandade, como é o caso da Palestina, já eram familiares aos cristãos do medievo e, principalmente após as primeiras cruzadas, no final do século XI, eram frequentemente visitadas. As terras do interior da Ásia, ao contrário, não possuíam nenhum tipo de tradição dentro da religiosidade cristã, o que tornava o empreendimento das viagens algo novo, e o encontro de gentes e lugares, impactante.

22 RAFAEL AFONSO GONÇALVES

Para elucidar nossas escolhas e opções, vale ressaltar que não temos ambição de realizar a história de "uma interpretação medieval do Oriente", o que poderia supor um Oriente comum, essencial, captado de modo diferente. Vislumbramos, ao contrário, a construção de uma forma muito diversa de entender essas terras, originada de um ambiente histórico específico, repleto de crenças próprias de seu tempo. Consequentemente, o que almejamos examinar é o processo de produção de verdades sobre as terras ao leste da cristandade por meio, principalmente, dos relatos de viagem. Por isso, considerar o vocabulário utilizado nesses relatos para se referir a essas regiões faz-se fundamental para entendermos como se construíram enunciados pretensamente verdadeiros. Optamos, portanto, por privilegiar os termos pelos quais aqueles viajantes se referiam àquelas terras com o intuito de evitarmos aplicar nossas próprias categorias a homens que pensavam de outra forma e tinham uma concepção geográfica bastante específica. Não utilizaremos, assim, a expressão "o Oriente" para nos referirmos às regiões localizadas a leste da cristandade, mas sim os termos diversos empregados pelos próprios viajantes. Buscaremos, pois, atentar para a maneira como os homens do medievo tentaram delimitar, dentro das condições e dados de que dispunham, o mundo a leste. A maior parte das edições contemporâneas dos relatos de viagem, todavia, não estabelece essa distinção, recorrendo ao termo "Oriente". Por isso, em alguns casos foi incontornável a utilização do termo, porém, apenas no caso de citações de fontes traduzidas. Vale lembrar também que algumas relações e correspondências com a geografia contemporânea foram incluídas somente para auxiliar o leitor a identificar o trajeto percorrido pelos viajantes e para efeito de esclarecimento, já que muitas vezes as informações de diferentes relatos são vagas e contraditórias. Alguns mapas foram também anexados no final to texto para auxiliar a localização geográfica dos percursos das viagens.

Optamos também por utilizar prioritariamente o termo "tártaro", ao invés de "mongol", para nos referirmos aos súditos do Cã e ao império oriental. Isso se justifica pelo fato de os viajantes empregarem majoritariamente o primeiro vocábulo mencionado em detrimento do segundo (Jackson, 2005). A preferência dos medievais pelo emprego

CRISTÃOS NAS TERRAS DO CÃ 23

de "tártaro" se deve ao significado que a palavra adquiriu no período. O termo tem sua origem na língua grega, cujo significado mais preciso é "lugar profundo" (Thevenet, 1906; Alsaid, 2009). Na mitologia, a palavra era utilizada para designar uma região nas profundezas do submundo onde, como forma de punição, foram aprisionados alguns titãs. Posteriormente apropriado no mundo cristão, o "tártaro" foi rapidamente associado ao inferno ou a algo diabólico, passando a possuir uma forte conotação negativa. Seu uso na designação dos homens comandados pelos Cãs se deve à grande onda de medo causada pelas primeiras notícias dos ataques no Leste da Europa, cometidos, como se difundiu naquele momento, por criaturas demoníacas. Após os ataques, o termo permaneceu designando os súditos do Cã, em detrimento do termo "mongol", forma pela qual os próprios orientais denominavam-se. Outro fator que contribuiu para a consolidação do uso do termo foi a anexação de uma tribo asiática derrotada por Gengis Cã em 1202 conhecida como *Tartar*. Um dos poucos viajantes do período a se referir ao termo "mongol" foi o mencionado franciscano João de Pian del Carpine. Em sua obra, originalmente denominada *Historia mongolorum* – História dos mongóis –, o viajante estabelece a distinção entre a tribo dos tártaros e dos mongóis, narrando a forma como os primeiros se submeteram aos segundos. Carpine (2005, p.97), no entanto, não deixa de denominar o império do Grande Cã ao longo de seu relato de Tartária, findando sua narrativa com a frase: "termina a *História dos Mongóis*, que chamamos de tártaros".

Partamos, então, na esteira desses viajantes para entendermos como e por que eles se interessaram pelo conhecimento do continente asiático e, ainda, como esses cristãos descreveram os orientais da "Tartária" e entenderam seu próprio papel naquelas terras, contribuindo para a construção da imagem de um continente estranho, assustador e ao mesmo tempo admiravelmente maravilhoso.

1
DA "REJEIÇÃO DO MUNDO" À MISSÃO DE OLHAR PARA FORA

Já no início de seu relato de viagem, o frade João de Pian del Carpine, visitante das terras tártaras em meados do século XIII, alertou seus leitores que havia sido encarregado pelo próprio papa "de perscrutar e ver tudo com diligência", tarefa, segundo ele, executada "com cuidado" (Carpine, 2005, p.259-60). Essa ambição de escrever um relato onde pudesse ser encontrado tudo aquilo que avistara ou conhecera durante a viagem não é, como se pode notar em outros relatos, uma singularidade de Carpine. A grande maioria dos viajantes do período, que legaram uma narrativa ou um relatório sobre sua viagem, procurou produzir uma síntese, tão minuciosa quanto possível, de todas suas experiências e daquilo que viu ou ouviu nas terras percorridas. Guilherme de Rubruc, outro franciscano que cruzou o continente asiático no século XIII, também afirma no início de seu relato ter seguido a sugestão do rei da França, Luís IX, que recomendara que "escrevesse tudo o que visse entre os tártaros", sem receio de "escrever longas cartas" (Rubruc, 2005, p.115). Assim como eles, muitos outros viajantes dos séculos XIII e XIV asseguraram ter posto em escrito todas as coisas vistas ou ouvidas dos nativos durante a viagem.

Embora assumam claramente tal objetivo, esses homens deparavam-se com certos limites que necessariamente interferiram na

26 RAFAEL AFONSO GONÇALVES

moldagem das descrições, impondo uma seleção daquilo que deveria ou não fazer parte do relato. Como em tantos outros tipos de escritos, em um relatório de viagens era necessário recortar informações, optar pela descrição de certos lugares, eleger certas narrativas, enfim, direcionar seu olhar e, sobretudo, o do leitor para aquilo que se considerava mais importante e adequado. Tais balizas, fossem discursivas, valorativas ou definidas pelo suporte material dos textos,[1] contribuíam para a construção de uma determinada imagem das terras orientais. O franciscano Pascal de Vitória, por exemplo, afirma ter passado tantos sofrimentos e aflições em sua viagem que "seria uma história muito grande para contar em uma carta" (Vittoria, 2005, p.850-6); consideração que estava certamente ligada ao trabalho de escrita exaustivo e à certa ligeireza que o gênero epistolar impunha. Um dos dominicanos que se exprimiu acerca desse ponto foi Jordan Catala de Sévérac, ao afirmar que se concentraria em "assuntos difíceis e de considerável perplexidade" e que, por isso, o mensageiro da carta, também escrita em meados do XIV, explicaria o que ali não estivesse relatado "por falta de tempo" (Friar Jordanus, 2005, p.77).

A extensão do relato foi um dos numerosos motivos declarados por esses homens para que abrissem mão de certas descrições que poderiam ajudar o leitor a conhecer as terras orientais de forma mais ampla. Diante de um mundo tão estranho, com tantas coisas que chamavam sua atenção, os viajantes acabavam por excluir do relato alguns aspectos do trajeto simplesmente por não disporem de espaço para registrar tudo. Odorico de Pordenone, viajante da primeira metade do século XIV, relata seu encontro com tantas coisas na "nobilíssima cidade de Tauris" que "seria demasiadamente longo contar" (Pordenone, 2005, p.286), portanto, limita-se a descrever a próxima cidade do percurso. Em uma carta de 1326, Andrew, o bispo de Zayton, também opta por não descrever as qualidades e o território do Grande Cã de Catai devido ao espaço que tal descrição ocuparia no relato. Eram tantos

---

1 Os suportes materiais do texto, como explica Roger Chartier, impunham certas escolhas que afetavam mais a forma, mas também o próprio conteúdo dos escritos. Cf. Chartier, 1999; Cavalo; Chartier, 1999.

CRISTÃOS NAS TERRAS DO CÃ **27**

seus predicados positivos que, segundo ele, "seria muita coisa para escrever" (Andrew, 2005, p.72).

Apesar de pretenderem narrar em sua totalidade o visto e o ouvido, esses viajantes, como se observa nos seus depoimentos, parecem estar conscientes dos limites que sua tarefa impunha. Muitas das histórias e das lendas e muitos dos homens encontrados pelo caminho eram excluídos dos relatos para dar lugar a descrições e narrativas que julgavam incontornáveis. Um desses viajantes, o mencionado Guilherme de Rubruc, ao passar por um vale na Turquia, lembra que foi naquele lugar que o sultão foi vencido pelos tártaros, no ano de 1243. Mas o franciscano não se prolonga no assunto, justificando que "seria muito longo descrever como [o sultão] fora vencido" (Rubruc, 2005, p.240).

Jean de Mandeville, o viajante inglês do século XIV sobre quem pairam muitas dúvidas,[2] afirma que, além daquelas inumeráveis maravilhas narradas em seu livro, havia "outras muitas diversidades" que não pôde mencionar, "pois o relato alargar-se-ia muito se falasse de todas" (*Viagens...*, 2007, p.255). Narrador ardiloso, Mandeville utiliza-se até daquilo que deixou de contar para atrair a atenção de seus leitores para aquelas terras. "Se tivesse descrito tudo o que existe nas partes de lá", afirma, "um outro homem que se preparasse e se aparelhasse para seguir esses caminhos e procurar descobrir aqueles países, poderia

---

2 No século XIX, alguns autores, como P. Hamelius, M. Letts e A. Bovenschen, constataram que o *Viagens* fora escrito essencialmente por meio da compilação de obras clássicas e relatos de outros viajantes, tais como Guilherme de Boldensele, Odorico de Pordenone, João de Pian del Carpine, Alberto de Aix e outros, chegando até a colocar em dúvida a existência de seu autor. Isso levou a obra de Mandeville a sofrer um grande descrédito entre os autores oitocentistas, e mesmo entre muitos do século XX, que tomaram as *Viagens* como uma ficção, um mero fruto da imaginação de seu autor. Entretando, por não procurar estabelecer uma divisão clara entre o "real" e o "imaginado", ao contrário do que fizeram esses autores, consideramos que importa menos saber quem foi o indivíduo que escreveu a obra, e mais como esse nome caracteriza seu discurso e como foi possível alcançar tamanha popularidade no período. Pelo fato de seus próprios contemporâneos aceitarem a obra de Mandeville como "verdadeira", não adotamos nenhuma diferenciação entre o tratamento de seus enunciados e os de outras obras produzidas por homens que acreditamos ter se delocado até as regiões mencionadas em seu relatos. Cf. Hamelius, 1923; Letts, 1959; Warner, 1885-1901; França, 2007.

28 RAFAEL AFONSO GONÇALVES

ser impedido por minhas palavras de contar muitas coisas estranhas," e assim "não poderia dizer nada novo que pudesse divertir ou deleitar a quem o ouvisse" (ibidem, p.255).

Fórmulas narrativas como essa de Mandeville poderiam ser utilizadas para ocultar a ausência de informações a respeito de alguns lugares e para contornar a expectativa de grandezas e estranhezas nem sempre passíveis de serem satisfeitas com o que era observado. Embora não haja, durante o medievo, fronteiras claras entre a retórica e as justificativas efetivas para a exclusão de certas informações, o fato de os viajantes optarem, na maioria das vezes, por não mencionar essa suposta falta de conhecimentos nos informa sobre a visão que pretendiam traçar daquelas terras. Na passagem citada anteriormente, por exemplo, Mandeville usa a justificativa da omissão para enfatizar ainda mais a grande quantidade de maravilhas existentes naquele lugar, corroborando para reafirmar todas as descrições encontradas ao longo de sua narrativa. Não podemos perder de vista que a seleção das descrições que estruturam o relato era efetuada de forma que a narrativa e seu conteúdo suprissem expectativas, tanto do escritor, quanto de seus leitores. Eleger aquelas descrições que, de certo modo, os leitores já esperavam ouvir não era apenas uma forma de promover o relato, mas principalmente uma forma de atribuir veracidade a ele.

Preocupado com a credibilidade de seu escrito, Odorico de Pordenone, por exemplo, declara, no final de seu *Relatório*, que preferiu omitir algumas coisas que viu nas terras orientais, "pois a alguns pareceriam incríveis, se não as vissem com os próprios olhos" (Pordenone, 2005, p.336). Um exemplo pode ser sua observação sobre a ilha de Dandin,[3] sobre a qual Pordenone admite ter deixado de escrever "muitas outras novidades", pois, segundo ele, "sem vê-las, a pessoa não poderia crer, já que em todo o mundo não existem tais e tantas maravilhas como existem neste reino" (ibidem, p.311). É interessante notar que o viajante em nenhum momento desacredita o que supostamente viu, mas prefere se calar, sob o risco de ter seu relato desqualificado.

---

3 Ou Dondin.

CRISTÃOS NAS TERRAS DO CÃ 29

Ao contrário de seu confrade, o franciscano João de Pian del Carpine (2005, p.30) afirma não ter omitido "algumas coisas desconhecidas" que viu durante sua viagem, embora se mostrasse temeroso de que seu relato pudesse não parecer credível entre seus leitores, principalmente pelo tipo de conteúdo de sua narrativa. Logo no início, ele alerta seu leitor de que não deve julgá-lo mentiroso, "pois relatamos aquilo que vimos ou que ouvimos como certo de outros que julgamos dignos de fé" (ibidem, p.30).[4] E ainda avisa: "seria até muito cruel que um homem fosse difamado por outros por causa do bem que faz" (ibidem, p.30). A preocupação do viajante era que sua opção por certas descrições, digamos assim, mais estranhas, pudesse invalidar seu relato.

De modo geral, entretanto, essas descrições mais pitorescas não pesavam contra a credibilidade do relato. Na seleção feita pelo viajante daquilo que iria rechear ou não seu texto, o comum e o corriqueiro poderiam ser mais frustrantes do que o pitoresco para o leitor interessado nas notícias trazidas daquelas regiões tão distantes. Para dotar seus escritos com o maior grau possível de veracidade, os viajantes procuravam sustentar seu relato com um grande número de tópicos largamente aceitos e esperados por seus leitores ou pelos ouvintes de suas narrativas. Terras comuns e homens da mesma natureza que aqueles encontrados na cristandade não correspondiam exatamente às expectativas dos europeus viajantes ou daqueles que apenas liam sobre as terras ao oriente. Por isso, muitos deles omitiram algumas regiões que lhe pareceram muito comezinhas ou já muito conhecidas pelos cristãos. O conhecido veneziano Marco Polo conta, no final de seu relato, que não descreveu "nada com respeito ao grande mar"[5] nem sobre as províncias de suas costas porque acreditava ser "desnecessário falar" sobre lugares que muitos já conheciam "perfeitamente", visto que "são visitados por gentes todos os dias" (*O livro...*, 2000, p.313). Além do comum e do demasiadamente estranho, outros motivos foram elencados para excluir do relato algumas passagens ou histó-

---

4 João de Pian del Carpine utiliza a primeira pessoa do plural em alguns momentos para se referir ao grupo de viajantes que o acompanhou.

5 Refere-se ao Mar Negro.

rias ouvidas durante a viagem. A descrição de algumas regiões e seus ritos religiosos, para alguns viajantes, pareceu não trazer nenhuma contribuição, nem para si, nem para seu leitor. Para esses homens, o conhecimento contido naquilo que escreviam deveria auxiliá-los em um aprimoramento espiritual por meio dos diversos exemplos de homens, mulheres e outras criaturas presentes em toda narrativa. É para reafirmar essa ideia que Guilherme de Rubruc, logo no início de seu Itinerário, cita uma passagem bíblica do Eclesiástico, "sobre o sábio", em que aconselha: "Percorre a terra de povos estrangeiros, experimentará os bens e os males" (Eclo 39,5). Nesse sentido, aquilo que não contribuía para esse aperfeiçoamento do cristão não deveria fazer parte do relato. Odorico de Pordenone não nos conta tudo aquilo que viu em um povoado da Índia, onde, diante de um ídolo, "os homens matam seus filhos e filhas [...] para lhe oferecerem seu sangue", porque, segundo ele, "esse povo faz muitas coisas sobre as quais escrever e ouvir seria uma abominação". Justificando ainda sua omissão, o franciscano nos diz que, "nesta ilha, há e se originam muitas outras coisas que não convém muito escrever" (Pordenone, 2005, p.300).

Temos aí alguns indícios de que, na impossibilidade de uma descrição totalizante, ou mesmo para não relatar aquilo que não traria nenhum benefício espiritual, os viajantes precisaram selecionar e, de certa maneira, editar as narrativas que davam conta de sua viagem. Essas omissões e seleções não necessariamente queriam dizer que o relato deixaria de ser mais verdadeiro, ao contrário, os viajantes muitas vezes deixaram de contar certas passagens para não comprometer a verossimilhança que procuravam. A necessidade de tais cortes, omissões e predileções de certos assuntos tratados sugere que o processo de confecção dessas obras – como de outros escritos – obedecia a regras e convenções que excediam a experiência pessoal de cada viajante, formando enunciados relativamente padronizados sobre aquelas terras.

Tais padrões, socialmente construídos, interfeririam inevitavelmente no processo de escrita dos relatos, bem como na percepção dos viajantes, delineando o que viam e podiam ver naquelas terras. Suas regras, seus princípios e desvios eram ainda novos, assim como era nova a prática de descrever o mundo que circundava o viajante. Por muito tempo

CRISTÃOS NAS TERRAS DO CÃ 31

essas descrições foram vistas como um ato desprezível, que mostrava apenas o gosto do viajante pelo supérfluo e pelo mundano, legando às terras orientais, distantes e desprovidas de tradições bíblicas, séculos de indiferença. Como se deu tal transformação no valor dessas descrições e quais foram seus principais personagens, bem como quais eram os padrões que ditavam os conhecimentos que poderiam ser relatados em uma narrativa de viagem às partes orientais são as principais questões condutoras deste capítulo. Buscaremos entender, ainda, quais eram os usos, atribuídos pelos próprios viajantes, do conhecimento transmitido pelos relatos e, de maneira geral, qual foi o papel dessas descrições na formação de uma imagem das partes orientais nos séculos XIII e XIV. Para tanto, abordaremos primeiramente a passagem do século XII para o século XIII, quando os relatos de viagem adquiriram formatos muito diferentes daqueles que os precederam, ganhando também, à primeira vista, novos sentidos e objetivos dentro da sociedade cristã.

Procuraremos mapear quais eram as justificativas mais recorrentes para a realização ou não das viagens, bem como as principais regras para aqueles que empreenderam uma viagem antes das longas travessias no interior do continente asiático do século XIII. Posteriormente, buscaremos compreender se houve e quais foram as rupturas no modo como os viajantes entenderam sua viagem, em especial aqueles que se destinaram às terras tártaras – franciscanos e dominicanos, em sua maioria. Debruçar-nos-emos sobre como eles se relacionaram com as diversas normas e preceitos que regulavam as partidas e como estabeleceram um novo padrão de viagem, que ganhou aos poucos um grande espaço no repertório escrito e no pensamento do mundo medieval.

Por fim, examinaremos quais eram os pontos de interesse e os limites do que poderia ser relatado por tais narrativas e para que fins eram dedicadas, em outras palavras, para que e para quem esses relatos eram comumente destinados. Acreditamos que, após tratarmos tais questões, poderemos avaliar de maneira mais cuidadosa o papel de tais regulamentações na formação de uma ideia sobre as terras localizadas além da cristandade, nomeadamente as terras orientais, bem como na expansão do mundo conhecido pelos homens dos séculos XIII e XIV.

Do pecado de conhecer

Uma das características mais marcantes dos relatos de viagem dos séculos XIII e XIV, como já anunciado, é a existência de descrições que tinham a ambição de dar conta de tudo aquilo que os viajantes encontravam durante o percurso – tanto de ida quanto de volta –, como também em seu destino. Ao contrário, por exemplo, dos relatos de peregrinação escritos em séculos anteriores, que se dedicavam quase exclusivamente à descrição de construções religiosas e atos votivos do peregrino, as narrativas escritas a partir do século XIII fazem referência aos diferentes homens encontrados, seus costumes, sua alimentação, seu vestuário, aos diversos tipos de animais, vegetação, clima, enfim, sobre tudo aquilo que chamou a atenção do viajante no mundo que o circundava. O interesse declarado por esses aspectos, digamos assim, "mundanos" do itinerário foi muito comum entre os cristãos que viajaram nessa época. Muitas das narrativas, como a de Odorico de Pordenone, logo em seu início anunciam tal interesse, indicando que ali o leitor encontraria "as muitas e variadas histórias do bem-aventurado Odorico, frade menor, sobre os costumes e as condições deste mundo" (Pordenone, 2005, p.283).

Em uma das versões mais difundidas de *O livro de Marco Polo*,[6] o narrador indica a leitura das aventuras do "sábio e discreto cidadão de Veneza" aos "Imperadores, reis, duques, marqueses, condes, e cavaleiros", e a todas as outras pessoas desejosas de "inteirar-se das raças da humanidade, e de reinos, domínios e de todas as partes do Oriente", pois ali eles encontrariam "exatamente como ele as relatou [...] as características mais salientes e maravilhosas dos povos, especialmente da Armênia, Pérsia, Índia e Tartária" (*O livro...*, 2000, p.19).

O desejo de percorrer as rotas medievais a fim de conhecer as diferentes partes do mundo aparece também no relato de Jean de Mandeville, porém como um traço naturalizado, quase intrínseco aos habitantes das terras ocidentais. Por meio de referências correntes entre os conhecedores medievais de geografia, que dividiam o Hemisfério

---

6 Sobre as versões do *Livro de Marco Polo*, cf. Iwamura, 1949; Pelliot, 1959.

CRISTÃOS NAS TERRAS DO CÃ 33

Norte em sete climas ou regiões diferentes com os respectivos astros regentes, o cavaleiro, supostamente inglês, contrapõe as características dos ocidentais, habitantes do "sétimo clima", às dos habitantes da região da Índia, naturais do "primeiro clima".[7] Dissertando sobre os costumes dos homens da região indiana, o viajante quatrocentista explica que o motivo de os habitantes dessa terra serem sedentários está ligado ao seu planeta regente – Saturno –, que por ser "tão demorado de movimento, as gentes dessas terras, sob a influência desse clima regido por ele, tendem por natureza e vontade a não se deslocar" (*Viagens...*, 2007, p.157). Por outro lado, os homens da cristandade, segundo Mandeville, estão sob uma influência bem diferente:

> Em nossa terra, sucede justamente o contrário, pois estamos no sétimo clima, que está regido pela Lua, que tem um movimento rápido; é o planeta de passagem. Por isso ela nos dá condição e vontade de nos deslocarmos e de caminharmos por diferentes rotas em busca de coisas estranhas e das diversidades do mundo. (ibidem, p.157-8)

O interesse por essas "estranhezas" do mundo parece estar tão vulgarizado no tempo de Mandeville – meados do século XIV – que, nos escritos do viajante, parece naturalizado. Mas, como qualquer outro sentimento, essa vontade de conhecer o mundo não deve ser vista como inerente ao humano,[8] nem muito menos àqueles que, segundo Mandeville, vivem no sétimo clima, ou seja, os europeus. Ao contrário, esse sentimento foi o produto de um processo complexo – ou processos complexos – que colocou em diálogo uma série de crenças, normas e inquietudes dos homens daquele tempo. Desse encontro, muitas vezes conflituoso, algumas verdades se tornam obsoletas, outras caem definitivamente por terra, outras ainda recobram força, contribuindo para regular os corpos e o pensamento de uma época. Para entendermos melhor como essas mudanças se configuraram no caso específico das viagens, vamos, primeiramente, colocar lado a lado

---

7 Sobre a divisão dos "climas", cf. Zumthor, 1994.
8 Cf. Tagl, 1995; Zacher, 1976.

duas experiências de viagens distintas, e pontualmente sua recepção pelos homens da época: a de João de Pian del Carpine, de meados do século XIII, e a de Bernardo de Claraval, do século XII. Embora sejam de naturezas distintas, acreditamos que as duas viagens podem nos dar alguns indicativos de como esses homens de épocas diferentes entenderam sua viagem e, em especial, como eles se relacionaram com o mundo que os circundava.

A viagem de João de Pian del Carpine é uma das primeiras missões para o continente asiático em que se nota o empenho de um homem do medievo em observar e descrever, com alguns detalhes, os homens e lugares encontrados durante o caminho, iniciativa que, por ter sido seguida de outras, indicia uma crescente aceitação entre os cristãos. Após retornar de sua viagem, Carpine participou de diversas audiências e encontros, onde frades e outros homens se reuniam para ouvir suas histórias a respeito das paisagens e dos povos avistados. O franciscano conhecido como C. de Bridia foi um dos muitos que, em meados do século XIII, encontrou Carpine e seus companheiros para tentar conhecer mais detalhes daquelas terras distantes. A pedido de seu superior, o frade de Bridia escreveu um relatório sobre o encontro com os recém-chegados, conhecido hoje como *Tartar Relation*, onde afirma ter colocado "por escrito" aquilo que "entendeu sobre os Tártaros junto com os veneráveis frades" (*The Vinland Map...*, 1965, p.54).

Outro franciscano, Salimbene de Parma, menciona em seu *Chronicon*, escrito entre 1282 e 1290, que o papa Inocêncio IV reteve João de Pian del Carpine "junto de si por três meses", período em que o frade "contou-lhe as notícias sobre os tártaros e entregou os presentes enviados pelo Cã" (*Cronaca...*, 1882, p.112). Frei Salimbene afirma ter ouvido por inúmeras vezes Carpine repetir sua história aos interessados que o requeriam, chegando ao ponto de, "quando estava cansado de narrar as coisas dos Tártaros", fazê-los ler seu "grosso livro sobre os costumes dos Tártaros e outras maravilhas do mundo" (ibidem, p.112). Mas, como apontou o cronista de Parma, Carpine era um narrador acurado e, mesmo fadigado pelas repetições, não deixava seus ouvintes e leitores carentes de descrições pormenorizadas. Se, por acaso, a

CRISTÃOS NAS TERRAS DO CÃ 35

leitura indicada deixava algumas "coisas obscuras, [ele] intervinha para explicar e comentar cada coisa, com paciência" (ibidem, p.112-3). O próprio Carpine alerta seus leitores sobre a possível existência de outras versões de seu relato. Isto se deve, segundo ele, ao fato de muitos cristãos encontrados em seu caminho de volta terem ficado tão interessados em sua narrativa que resolveram copiá-la antes mesmo de o viajante poder finalizá-la. Como o viajante explica, as réplicas poderiam ser encontradas em diversos lugares, como "na Polônia, na Boêmia e na Teutônia, e também em Liège e Champagne," onde as pessoas "quiseram ter a transcrição da história, e por isso, a transcreveram antes de estar completa e bem resumida (Carpine, 2005, p.97)." Carpine estava preocupado que alguma divergência entre as versões pudesse comprometer a veracidade de sua narrativa, e pediu que ninguém se "admirasse" se, na versão final, houvesse "mais coisas e melhor corrigidas" do que nas anteriores, pois somente quando conseguiu "um pouco de tempo" é que pôde corrigi-la "plena e completamente" (ibidem, p.97).

Essas indicações nos alertam para o grande interesse que a viagem de Carpine suscitou em seus contemporâneos, que, como o citado Salimbene de Parma afirmou, procuravam esclarecer cada detalhe da narrativa. Ao mesmo tempo, o desejo do viajante em narrar suas experiências não foi menor, o que o levou a relatar cuidadosamente o que viu nas terras tártaras, como os costumes, as vestimentas, a alimentação e as características das terras que percorreu. A atitude de Carpine e seus contemporâneos, no entanto, parece diferir bastante daquela tomada pelos viajantes de períodos anteriores, especialmente os religiosos, que evitaram qualquer referência ao mundo sensível que os rodeava.

As descrições das viagens efetuadas pelo conhecido Bernardo de Claraval são ilustrativas da negatividade com que os monges de seu tempo encaravam as paisagens e os homens encontrados fora do mosteiro. São conhecidas as histórias que apontam para o extremo nível de interiorização de Bernardo, chegando mesmo a tomar, por mais de uma vez, óleo, ao invés de água, tamanha sua desatenção às coisas deste mundo. Todavia, seus maiores "feitos", quando o assunto é a falta de atenção ao mundo, foram durante suas viagens. Com renome em

36 RAFAEL AFONSO GONÇALVES

quase toda a cristandade ainda enquanto era vivo, Bernardo percorreu uma boa parte das rotas do medievo em visita a abadias, mosteiros ou mesmo a algumas cidades.[9] Em uma viagem ao mosteiro dos Cartuxos, como conta seu biógrafo, "ele cavalgou durante o dia todo ao lado do Lago Genebra sem vê-lo – ou sem prestar atenção no que via". Mais tarde, "quando seus companheiros de viagem estavam conversando sobre o lago [...] ele perguntou a eles onde o lago ficava, e todos eles ficaram maravilhados" (apud Ohler, 1989, p.176). Se compararmos essa passagem com a referida viagem de Carpine, percebemos que não é apenas a atitude do viajante que se altera, mas também a das pessoas à sua volta. Se os contemporâneos do franciscano o cercavam para ouvir os detalhes de sua viagem, os companheiros de Bernardo demonstravam grande admiração pela sua despreocupação em relação ao mundo exterior.

A ausência de informações nos relatos de viagem sobre o mundo sensível, até o século XIII, deve-se, em grande medida, à força da ideia de *contemptus mundi* (rejeição do mundo), ou seja, às propostas de alienação e negação da sociedade profana e de isolamento total da civilização urbana, noção baseada em uma oposição, relativamente clara, entre o terrestre e o celeste, sendo o primeiro associado ao profano, e o segundo, ao sagrado (Vauchez, 1995, p.48). Para os religiosos viajantes, sobretudo os de vocação monástica, preocupar-se com as paisagens e os homens encontrados durante o itinerário poderia sugerir uma profanação dos fins espirituais que os moviam. Recusar o itinerário terrestre significava, para os viajantes do século XII, dar atenção exclusiva ao itinerário espiritual, um ato de virtude e de aprimoramento da alma. O objetivo principal dessa recusa era distanciar-se do "mundo" e dos homens para se aproximar de Deus (Leclercq, 1961, p.78).

Longe da natureza divina que o religioso buscava encontrar, o "mundo", no entendimento desses homens, estava ligado a tudo aquilo que se referia aos prazeres da carne, ao estado primitivo do homem movido por desejos do corpo e ao modo de vida adotado pelos laicos, preocupados com os assuntos transitórios do século (Bulto, 1967,

---

9 Sobre Bernardo, cf. Leclercq, 1989.

CRISTÃOS NAS TERRAS DO CÃ 37

p.223). O "mundo", para eles, não era mais do que um simples reflexo degradado de um outro lugar, o "mundo celeste", onde se encontrava a Verdade. Seria vão, então, dar atenção às realidades terrenas, meras ilusões que decepcionam e apresentam riscos de pecado, pois, para o pensamento monástico do período, o criado, representando o domínio do transitório e do contingente, não deveria suscitar apego ou estima, mas antes desprezo e desejo de fuga (Vauchez, 1995, p.50).

Fundamentada inicialmente nos séculos V e VI pelos primeiros doutores do Cristianismo (Leclercq, 1961, p.79), a proposta do *contemptus mundi* foi largamente utilizada pelos monges para distinguir seu modo de vida daquele adotado por outros homens, tanto por laicos quanto por outros religiosos. Como recompensa à opção dessa forma de vida direcionada inteiramente à contemplação divina, os monges acreditavam que alcançariam a salvação. O desprezo do mundo, dentro dessa concepção, significava o afastamento total da condição terrena para se atingir o estado celeste, em um modo de vida totalmente dedicado aos assuntos da fé e, assim, mais próximo de um lugar junto de Deus.

As formas e os caminhos adotados para sua realização, todavia, tomaram contornos variados nos séculos que separam a experiência de Bernardo de Claraval e João de Pian del Carpine, onde as viagens adquirem um papel significativo. Não somente como uma ação negativa, ou seja, como um ato que colocava os religiosos diante de tentações e desvios do caminho da salvação, mas também em um sentido positivo. A realização da proposta do *contemptus mundi* foi largamente entendida pelos monges dos séculos XI e XII como um percurso, um itinerário de afastamento do mundo em direção ao encontro com Deus. A viagem esteve, em um sentido alegórico, ou em um mais literal, estritamente ligada às formas de realização dessa proposta monástica, dentre as quais podemos distinguir, em linhas gerais, três: o eremitismo, a peregrinação e a vida cenobítica.

Apesar de não ser uma invenção do século XII, o eremitismo marcou profundamente a espiritualidade dos coetâneos de São Bernardo. Sua existência data dos primeiros séculos do Cristianismo, sendo possível encontrar, já no século IV, um grupo influente de eremitas

38 RAFAEL AFONSO GONÇALVES

que se estabeleceram no deserto egípcio. Esses monges primitivos se retiravam para bosques, grutas e desertos a fim de levar uma vida religiosa solitária e errante, atraindo, assim, um grande número de seguidores que buscavam, por meio dessa austera opção de vida, a salvação e união com Deus (Gatier, 1994, p.171-2). Os eremitas permaneceram em um número relativamente pequeno no decorrer da Idade Média, ganhando força apenas no século XI e, sobretudo, no século XII, quando o eremitismo foi visto como uma possibilidade renovada de cumprir os preceitos monásticos. Considerando o cenobitismo beneditino tradicional insuficiente para satisfazer as exigências religiosas do tempo, as iniciativas eremíticas procuravam ressaltar ainda mais em suas práticas a penitência e o desprezo pelo mundo (Davril; Palazzo, 2000, p.20-2). Cobertos por vestimentas miseráveis e com uma aparência sempre descuidada, esses homens procuravam, como os antigos eremitas, lugares inóspitos para permanecerem, como grutas, cavernas ou mesmo florestas. O objetivo também era encontrar a presença divina longe dos homens, na extrema solidão de regiões totalmente desabitadas. O afastamento corporal era para favorecer o afastamento espiritual do religioso do mundo terreno, considerado fonte de preocupações e de desapontamentos (Leclercq, 1961, p.90).

Para o fundador da Ordem dos Cartuxos – ordem essa que teve uma das mais bem-sucedidas experiências de vida eremita na Idade Média –, o isolamento poderia livrar a alma das aflições causadas pelo mundo. Em uma carta enviada ao seu amigo Raúl, homem de vida laica, São Bruno o questiona sobre sua vida mundana: "não é um ônus terrível e inútil estar atormentado por seus desejos, ver-se sem cessar vergado pelas preocupações e angústias, pelo temor e dor que engendram tais desejos?". Crente que sim, o eremita aconselha seu amigo: "Foge, irmão meu, foge, pois, destas turvações e inquietudes, e passa da tempestade deste mundo ao repouso e à segurança do porto" (*Cartas...*, [s.d.]).

A ordem fundada por São Bruno foi, sem dúvida, uma das grandes responsáveis pelo sucesso da renovação do eremitismo no século XII. Um dos atos fundamentais dos Cartuxos foi dotar os religiosos de uma constituição original, garantindo obrigações mais fixas para o regi-

CRISTÃOS NAS TERRAS DO CÃ 39

mento da vida eremítica. Além de conferir à ordem uma estabilidade, considerada pelo monaquismo beneditino um importante fator para a dedicação à vida contemplativa, a sistematização originada pela constituição conseguiu evitar que os eremitas se dispersassem, dispersão essa que desarticulou a maior parte das iniciativas eremitas do medievo (Pacaut, 1970, p.94). A escrita das constituições, no entanto, não veio do punho de São Bruno, mas do quinto prior cartusiano, Guiges I. Baseados em uma vida que emprestava elementos do cenobitismo beneditino, mas que em sua essência enfatizava o eremitismo solitário (Vauchez, 1995, p.92), os escritos de Guiges foram os principais reguladores das vidas desses monges.

São Bruno também concebeu a vida eremítica, mesmo que não errante como a dos antigos, como uma fuga do mundo. Essa concepção estava justificada na oposição entre o terrestre e o divino, pois como ele aponta em carta semelhante àquela escrita por Bruno, "aspirando vivamente aos bens celestiais, rejeita os da terra" (*Carta...*, [s,d]). E a forma mais virtuosa de se afastar do mundo, ainda segundo Guiges, seria o isolamento nos ermos, onde se encontraria a paz divina. O eremita aconselha em sua carta: o homem verdadeiramente feliz "não é o ambicioso que luta para conseguir honras altivas num palácio, mas aquele que escolhe levar uma vida simples e pobre no deserto, que gosta de aplicar-se à sabedoria no repouso, e deseja com ardor permanecer sentado e solitário no silêncio" (ibidem). A singularidade dos Cartuxos do século XII reside em uma tentativa de total renúncia do mundo, por meio da solidão absoluta, sem qualquer ligação com a sociedade, nem tampouco vontade de agir diretamente sobre ela (Pacaut, 1970, p.95).

A peregrinação, em suas manifestações na Alta Idade Média, possuía finalidades próximas àquelas buscadas pelos eremitas: para o peregrino, a viagem que o afastava da sociedade também o levaria para mais próximo de Deus. Essa busca abstrata conduziu os peregrinos a errâncias nos desertos do que chamamos hoje de Oriente Próximo, especialmente entre o Nilo e a Síria Oriental, ou mesmo em florestas e outros lugares não habitados na Europa; mas o que guiava o peregrino era, então, um empenho ascético inspirado na vocação monástica daqueles religiosos. Inicialmente, a palavra latina *peregrinus* possuía

40 RAFAEL AFONSO GONÇALVES

o sentido de "o estrangeiro", ou seja, aquele que deixa sua pátria para se colocar em um tipo de exílio em uma região distante. A *peregrinatio* significava, assim, no seu início, um exílio, porém, um exílio voluntário (Sigal, 1974, p.5-6). Ao deixar seu ambiente familiar para enfrentar um país desconhecido e hostil, onde geralmente não se conhecia nem mesmo a língua utilizada, o viajante propunha a si mesmo uma espécie de automortificação, a fim de desvencilhar-se de seu estado carnal e atingir um contato místico com Deus.

No decorrer do tempo, essas errâncias acabaram ganhando itinerários fixos, com lugares preestabelecidos de culto e adoração, como tumbas de santos, ou mesmo, como é o caso da Terra Santa, locais santificados pelas passagens bíblicas. Com o estabelecimento dessa "geografia sagrada",[10] a peregrinação deixa de ser pouco a pouco a errância em lugares desabitados, para tornar-se uma viagem com um destino definido. Essa alteração do sentido das peregrinações perdurou por vários séculos, podendo-se notar no século XI seu estabelecimento definitivo.[11]

Mesmo que a peregrinação tenha perdido seu valor de errância, os peregrinos não deixaram de reafirmar sua atenção exclusiva ao "caminho espiritual".[12] Para tanto, suas narrativas excluíram qualquer menção sobre o mundo "profano", ou seja, de povos e cidades

---

10 Cf. Graboïs, 1998.
11 Para Pierre Andre Sigal, esse novo significado se consolida apenas a partir do meio do século XI. Mesmo que a busca por lugares considerados sagrados já ocorresse em períodos anteriores, para esse historiador, a conjunção entre as ideias e práticas ganha força somente no século XI, quando se percebe nitidamente o desejo de "imitação de Cristo" por meio do estabelecimento do itinerário baseado nos mesmos caminhos palmilhados por Ele. Já para o historiador israelense Aryeh Graboïs, a emergência do culto dos santos modifica o caráter original dessas viagens, introduzido no itinerário das "errâncias espirituais" paradas ao pé de túmulos venerados, onde o peregrino reza e pede a intercessão do santo junto a seu Deus. Para esse historiador, a devoção em lugares considerados sagrados pela presença dos restos mortais dos santos transformou, já no final do século IV, as "errâncias abstratas" em peregrinações concretas. Porém, Graboïs aponta que a confrontação dessas duas práticas distintas de peregrinação permaneceu na origem de uma contradição que perdurou vários séculos.
12 Cf. Graboïs, 1998, p.81-2.

CRISTÃOS NAS TERRAS DO CÃ 41

desprovidas de tradição bíblica, mesmo aquelas que forneciam o aparato logístico do peregrino. Nos relatos de viagens a Jerusalém, por exemplo, a cidade do Acre, principal porto de desembarque e núcleo logístico dos peregrinos ocidentais em Jerusalém, de maneira geral, não é mencionada. Essa depreciação do mundo que circundava a Terra Santa, incluindo o reino cristão da Palestina, devia-se à ideia de que apenas os lugares consagrados pela tradição bíblica poderiam figurar como representações tangíveis da "Jerusalém celeste". A "Jerusalém terrestre" servia essencialmente como um trampolim em direção à celeste, verdadeiro destino almejado pelo peregrino.

O contato com o mundo terrestre e os povos que habitavam os contornos do itinerário, na maioria das vezes imprescindível para a realização da viagem, não deixou de ser alvo de críticas de alguns autores monásticos, principalmente a partir de meados do século XI (Constable, 1977). Se os peregrinos que visitavam a Terra Santa procuravam encontrar certa ligação entre as cidades visitadas e sua correspondente dos céus, esses autores, sobretudo os oriundos de ordens monásticas, procuraram dissociar os caminhos que levaram em direção a elas. Em uma carta escrita ainda enquanto era abade, Santo Anselmo aconselhava um jovem que pretendia fazer uma peregrinação a desistir de seu projeto, pois, segundo ele, Jerusalém não era "uma visão de paz, mas de enfrentamentos, e dos tesouros de Constantinopla e da Babilônia que mancharam suas mãos de sangue". Para Anselmo, o jovem deveria abraçar a vida religiosa, ou seja, tomar "o caminho da Jerusalém celeste, que é a visão de paz onde se encontram os tesouros que só recebem aqueles que desprezam os outros tesouros" (apud Southern, 1953, p.51).

O monge beneditino Geoffroi de Vendôme também contrapôs a vida religiosa à viagem à Terra Santa, que, para ele, não garantiria a nenhum homem a entrada no reino dos céus. Os penhores da salvação seriam antes daqueles que tiveram uma vida virtuosa aqui na Terra, como declara em uma carta endereçada ao bispo Hildebert du Mans, escrita na primeira metade do século XII. Geoffroi afirma, na correspondência, que "os homens bem-comportados, e não aqueles que viram a Jerusalém terrestre, é que merecem receber a Jerusalém

42 RAFAEL AFONSO GONÇALVES

dos Céus" (apud Constable, 1977, p.19). Críticas às peregrinações não eram, a propósito, uma novidade desse período: desde as primeiras aparições dos viajantes piedosos no cristianismo encontram-se, principalmente em relação às mulheres, repreensões às situações pecaminosas que muitas vezes a própria condição da viagem impunha.

Gregório de Nissa, um dos grandes teólogos do Cristianismo primitivo, já elencava no final do século IV razões para que os religiosos cristãos não partissem para a Terra Santa. De acordo com ele, a viagem "inflige danos espirituais àqueles que se comprometeram com uma vida regular," por isso, visitar Jerusalém "não é algo com o que se deveria ter grande preocupação, mas antes se deve repreender, para que aquele que escolheu viver segundo Deus não seja lesado por nada nocivo" (Grégoire, 1996, p.51). Ainda mais nociva, para Gregório, era a viagem pelas mulheres, já que "as necessidades da viagem rompem constantemente a vida regular [...], conduzindo à indiferença das observações." Para o religioso, "é impossível a uma mulher fazer tal trajeto sem ter alguém que a proteja; por causa de sua fraqueza física, precisa-se sempre de alguém que a ajude a subir e descer de sua montaria, como também nas dificuldades do terreno," o que era necessariamente repreensível, já que nessas situações, "ela não poderia respeitar a lei da castidade" (ibidem, p.52).

Não eram apenas as mulheres, contudo, as que eram comumente desestimuladas a realizar uma viagem de longa distância. Vê-se, no século VIII, também um abade irlandês afirmando a todos seus discípulos que "Deus está tão próximo da Irlanda quanto de Roma ou de qualquer outro lugar, e que a rota para o Reino dos céus está à mesma distância de todos os países e que, então, não havia necessidade de cruzar os mares" (Hughes, [s.d], p.147). A intensificação dessas censuras e, especialmente, a adoção mais afetiva de seus conselhos ficaram, entretanto, reservadas ao século XII. Nesse período, os monges procuraram atrelar a peregrinação a um sentido mais interiorizado, como uma imagem alegórica da vida que o religioso encontraria no interior do monastério (Constable, 1977, p.25). Entendida ainda como uma ação que colocaria o religioso em contato com o mundo profano, a peregrinação física continuou a ser desestimulada pela maior parte dos

CRISTÃOS NAS TERRAS DO CÃ **43**

escritores religiosos, que procuravam reforçar a ideia de que a única peregrinação possível para o monge era aquela da alma – e o lugar mais eficaz para evitar qualquer desvio dessa rota não era outro senão o mosteiro. O que levava os monges a adotarem a vida cenobítica nesses espaços era um desejo comum de afastamento da sociedade profana. O isolamento coletivo dentro desses verdadeiros desertos artificiais procurava afastar, desse modo, qualquer obstáculo ou empecilho que pudesse desviar o monge de seu objetivo principal: o encontro com Deus por meio da ascese e da oração (Leclercq, 1961, p.84). A vida exterior aos monastérios era vista como uma fonte de tentações e ilusões que poderiam furtar do monge toda sua concentração e disciplina que o levariam em direção a Deus. Como procuramos salientar, viver em comunidade nos monastérios significava, para esses religiosos, cumprir o ideal do *contemptus mundi* em sua forma plena.

Essas ideias já estavam anunciadas na *Regra* escrita por São Bento, que considerava a estabilidade alcançada no interior do mosteiro como um dos principais fatores que levariam o religioso ao aprimoramento da alma, devendo ser punido severamente quem ousasse "sair do recinto do mosteiro ou ir a qualquer lugar [...] sem ordem do abade" (*Regra...*, 1993, p.138). Em oposição aos monges que adotavam a vida cenobítica, Bento apresenta os monges chamados "girovagos", que, segundo ele, "passam a vida a percorrer províncias, permanecendo três ou quatro dias em cada mosteiro". "Sempre errantes, nunca estáveis", esses monges, para Bento, eram "escravos das próprias vontades e das seduções da gula" (ibidem, p.10-1).

Uma leitura mais rigorosa da *Regra* beneditina ganha força no século XII, alimentada principalmente pela nascente ordem de Cister, que procurava, em um retorno às tradições monásticas "mais puras", a renovação na vida religiosa de seu tempo (Pacaut, 1970, p.101-4). Nessas circunstâncias, cresceu a ideia de que a única forma capaz de evitar as ilusões e inquietudes características da vida mundana seria a vida cenobítica. Assim, seria mais proveitoso ao religioso renunciar ao mundo e a suas tentações para viver como um peregrino, como um exilado no único lugar que ainda guardaria a essência de sua verdadeira pátria: o mosteiro. A peregrinação passa a ser valorizada por esses au-

44 RAFAEL AFONSO GONÇALVES

tores, não no sentido de um deslocamento físico, mas como o caminho que leva o religioso a abandonar o mundo e abraçar a vida monástica: a busca espiritual dos monges se torna, no século XII, a imagem de uma viagem (Southern, 1953, p.222). Como escreveu São Bernardo em uma carta endereçada ao abade de Saint Michel, "o objetivo dos monges é procurar não a Jerusalém terrestre, mas a celeste, e isso não se faz movendo-se com os pés, mas progredindo com o coração" (San Bernardo, 1990, p.246-7).

Essas diferentes formas de viagens comuns nos séculos XI e XII não eram imunes à noção de *rejeição do mundo*. Eremitas, peregrinos ou mesmo monges enclausurados procuraram meios para evitar a atenção às coisas mundanas, mesmo quando a viagem os colocava em contato direto com elas. Isso porque o conhecimento das terras percorridas, adquirido na maioria das vezes pelo olhar e pelo ouvir dizer, era concebido como um saber que não contribuía para o aperfeiçoamento espiritual do cristão, sendo, portanto, repreensível e desprezível. O único conhecimento válido para esses homens era aquele que auxiliaria o cristão a conduzir sua vida virtuosamente, para que em seu fim ele pudesse conquistar a salvação. Tal expectativa de que o conhecimento virtuoso é aquele que conduz o cristão a entrar no Reino dos Céus[13] não se altera substantivamente no decorrer da Idade Média, todavia, as crenças no que poderia ou não cooperar para a elevação espiritual dos cristãos, ou seja, o que poderia ser ou não considerado um conhecimento virtuoso oscila substantivamente, como convém examinar a seguir.

Vãs curiosidades

Até o século XII, o conhecimento adquirido por meio da observação dos povos encontrados era desvalorizado, por ser concebido como um saber inútil ao aprimoramento moral e espiritual do fiel. Sem um direcionamento preciso para aquilo que conhecia em uma viagem, o viajante foi muitas vezes associado, por alegorias ou metáforas, a

---

13 Cf. Gilson, 1995; 2006; Moreau, [s.d.].

CRISTÃOS NAS TERRAS DO CÃ   45

alguém desorientado, desconhecedor do verdadeiro caminho, isto é, o caminho em direção a Deus. O mencionado Bernardo de Claraval, um dos pensadores cristãos mais importantes de seu tempo,[14] utilizou inúmeras vezes esse recurso para caracterizar aqueles que ainda não tinham alinhado seu comportamento com a virtude. Em *Os doze passos para a humilhação e orgulho*, o primeiro tratado divulgado do monge cisterciense, escrito provavelmente em 1127, Bernardo escreve que Jesus teria dito "aos *viajantes* e àqueles que não sabem a direção: 'eu sou o caminho'" (Bernard, 1985, p.20, destaque nosso).

Ainda para Bernardo, o conhecimento deveria ser estritamente direcionado para auxiliar os homens na busca da salvação. Na verdade, segundo ele, a finalidade do conhecimento caracterizaria seu valor, ou seja, o bom conhecimento seria aquele a ser utilizado de forma benéfica – segundo os modos cristãos de entender o bem, é claro. Em um sermão proferido em torno de 1135, intitulado *Sobre o conhecimento e a ignorância*, Bernardo (1998, p.265-6) parte da ideia de que "o fruto e a utilidade do saber consistem no modo de saber". Por isso, os cristãos, segundo ele, deveriam se aplicar "a saber, antes e acima de tudo, o que conduz mais diretamente à salvação". Aquilo que não contribuísse para tal fim era considerado um conhecimento vão, inútil ou, para utilizar um dos termos prediletos dos medievais para caracterizar esse tipo de conhecimento, era uma "curiosidade". Ao contrário dos dias de hoje, em que o termo também pode ser lido com um valor positivo ou, pelo menos, neutro, a curiosidade possuía na Idade Média um significado totalmente pejorativo, caracterizando aquilo que era dispensável, fútil, supérfluo, desprezível, enfim.

Para os medievais, o conhecimento advindo da curiosidade era até mesmo contra a salvação, na medida em que levava ao desperdício do tempo e da atenção dos homens em algo que não os levaria mais próximo do conhecimento de Deus. Muitos dos escritos do período chegaram a contrapor o conhecimento curioso ao conhecimento virtuoso, para realçar a desaprovação a esse tipo de saber. Para demarcar essa disparidade, Bernardo de Claraval, no mencionado

---

14 Cf. Gilson, 1934; Leclercq, 1966.

sermão, aponta que os homens deveriam buscar o conhecimento "não por vaidade ou curiosidade ou objetivos semelhantes, mas somente pela tua própria edificação e pela de teu próximo" (ibidem, p.266). Como nos indica o conhecido monge claravalense, o que incomodava esses homens era o fato de que esse tipo de conhecimento não contribuía nem para a própria salvação nem para a dos outros, ou seja, a curiosidade iria de encontro a um dos grandes objetivos cristãos, o salvamento de si e do próximo. Na ausência dessa finalidade – a propósito, a grande finalidade da vida cristã –, qualquer tipo de conhecimento ou saber se tornaria uma curiosidade, sinônimo de vaidade, superficialidade e inutilidade. Para os medievais, todo conhecimento deveria possuir um fim bastante especifico: a salvação. É para reafirmar essas crenças que Bernardo estabelece uma rígida divisão entre os que buscam "o saber por si mesmo, conhecer por conhecer", os que buscam "o saber para edificar" e aqueles que buscam "o saber para se edificar". "Uma indigna curiosidade" caracterizaria o primeiro caso, de acordo com ele, enquanto o amor e a prudência, respectivamente, seriam o motriz dos dois outros tipos de conhecimento (ibidem, p.266-7).

Esse "utilitarismo" que conduz a reflexão de Bernardo sobre o conhecimento e, em especial, sobre a curiosidade não é uma singularidade do pensamento do monge cisterciense, nem mesmo de seus contemporâneos. Pode-se dizer que o valor atribuído ao conhecimento seguiu padrões há tempos vigentes. O critério da utilidade já desempenhava um papel importante para avaliar o valor do conhecimento para muitos autores romanos. Para os estoicos, bem como para o eclético Cícero (Labhardt, 1960, p.210) – o primeiro a desenvolver uma reflexão mais aprofundada sobre a curiosidade –, todo conhecimento deveria contribuir para o aperfeiçoamento moral, com a finalidade de atingir a *ataraxia* ou, na tradução latina, a *tranquilidade da alma*.[15] Para esses romanos, todo conhecimento que fugisse a esse fim era considerado um conhecimento vão, inútil, em suma, uma curiosidade – como já definiam (ibidem, 1960, p.210).

---

15 Sêneca menciona a tradução do termo grego em sua "Carta a Sereno". Cf, 1973.

CRISTÃOS NAS TERRAS DO CÃ **47**

Os cristãos medievais apropriaram-se desse sentido antigo de curiosidade. No entanto, o termo foi adequado pelo Cristianismo ocidental às crenças e dogmas fixados já pelos primeiros padres. Basílio, o grande, São Jerônimo e São Pedro Crisólogo foram alguns dos grandes fundamentadores da fé cristã que ligaram a curiosidade à conduta moral dos fiéis. Esses importantes teólogos do Cristianismo atrelaram a curiosidade a formas de conhecimento mundanas, proibidas ou inúteis para o que se tornou a principal meta da vida desses homens, isto é, a salvação da alma. Vaidade, orgulho e imprudência, segundo eles, seriam alguns dos vícios que levariam os homens a possuir apetite desmedido por conhecer, portanto, seriam um caminho para o mundano, o paganismo e muitas vezes para as "artes mágicas". A curiosidade, sob o olhar desses primeiros cristãos, começava a criar suas primeiras conexões com a noção de pecado (ibidem, p.216).

O primeiro grande formulador da noção cristã de curiosidade foi, contudo, Santo Agostinho. Na sua doutrina, marcada por um neoplatonismo que enfatizava a busca pela sapiência divina interiorizada em contraposição a formas exteriorizadas ou intermediadas pelo corpo, a curiosidade tem um papel fundamental. O espírito utilitário, ou seja, a reafirmação da necessidade de um fim específico para o conhecimento, permeia grande parte do pensamento agostiniano. Para o bispo de Hipona, qualquer tipo de conhecimento diverso daquele que contribuísse para a salvação da alma do fiel era considerado uma deformação, uma monstruosidade (Marrou, 1938, p.279), um estímulo a tentações e pecados. A curiosidade, ainda segundo o Doutor da Igreja, despertava o desejo de experimentar sensações, não para fins da salvação, mas para satisfazer a voluptuosa "paixão de tudo examinar e conhecer". "Por causa desta doença da curiosidade", nascia nos homens "o desejo de perscrutar os segredos preternaturais que afinal nada nos aproveita conhecer, e que os homens anseiam saber, só por saber"; desejos que levariam os homens a recorrer "às artes mágicas" (Agostinho, 1990, Livro X, cap.35).

O termo é recorrente na obra de Agostinho, utilizado quase de maneira técnica para designar a falta de zelo que originaria a aquisição de um saber inútil, cujo fim acabava nele mesmo (Labhardt, 1960, p.220). A curiosidade, para Agostinho, desempenha um importante papel no processo que podia levar o homem a pecar. De acordo com ele, o pecado se efetiva após três etapas principais: a sugestão, o deleite e o consentimento. Nesse processo em que o fiel realiza uma escolha errada, a curiosidade ocupa um lugar importante, na medida em que leva o homem a se interessar pela sugestão exterior (ou da carne), possibilitando certo deleite e, enfim, o consentimento pecaminoso (Howard, 1966, p.57). O pecado original, de onde procedeu toda danação humana, segundo ele, seguiu esse mesmo processo: a serpente faz a sugestão, o deleite ocorre a partir do apetite carnal de Eva em provar o fruto da árvore do conhecimento e o consentimento é dado por Adão. A curiosidade, então, não foi propriamente um pecado, mas aquilo que conduziu o homem a pecar (Zacher, 1976).

Na medida em que estabelece esses três passos para o pecado, Santo Agostinho não apenas reforça um certo "utilitarismo cristão" do conhecimento, alimentando toda uma doutrina medieval sobre a finalidade do saber, mas também começa a estabelecer uma distinção entre meios legítimos e ilegítimos de adquirir conhecimento. Essa formulação acaba levando o santo africano a associar o valor do conhecimento ao seu meio de aquisição. Assim como no pecado original, a sugestão, ou seja, o movimento inicial do pecado, seria animada por um estímulo exterior à alma, isto é, pelo corpóreo e carnal. Para Santo Agostinho, o conhecimento adquirido pela mediação carnal, oriunda dos sentidos corpóreos, como a audição, o olfato e, principalmente, a visão, teria mais propensão a ser um saber curioso, sendo, assim, represensível e desqualificado.

A ideia de que o espírito deseja amar a Deus, e a carne, amar seu próprio poder é perceptível em suas primeiras obras e torna-se a base moral para a distinção das duas cidades presentes em seu *A Cidade de Deus* (Howard, 1966, p.58). Mas em suas *Confissões*, uma das obras mais lidas e citadas em toda a Idade Média, Agostinho (1990, Livro X, cap.35) exorta seus leitores a evitarem uma "tentação perigosa [...] que pulula na alma, em virtude dos próprios sentidos do corpo, [...] um desejo de conhecer tudo, por meio da carne". Esse desejo "curioso e vão", segundo ele, que "nasce da paixão de conhecer tudo, é chamado

CRISTÃOS NAS TERRAS DO CÃ **49**

nas divinas Escrituras a concupiscência dos olhos, por serem estes os sentidos mais aptos para o conhecimento" (ibidem).[16] De um ponto de vista mais filosófico, o que Agostinho procurava salientar – inspirado, principalmente, em Platão e Plotino – é que tudo o que atinge os sentidos do corpo, que chamamos de sensível, possui um caráter transitório, permanecendo em um eterno devir. Como, segundo ele, o que é transitório é contraditório à verdade, já que esta era imutável, não poderíamos nutrir esperança de que os sentidos corporais nos conduziriam a uma verdade essencial. Em outras palavras, a verdade seria necessária e imutável; mas nada de necessário nem de imutável se encontraria na ordem do sensível, assim, ele conclui que não é das coisas sensíveis que poderíamos tirar a Verdade (Gilson, 2006, p.304-22).

A curiosidade, recoberta de todos esses aspectos negativos, estava, na visão de Agostinho, intimamente ligada às formas e práticas de aquisição de conhecimento por meio dos sentidos corporais. A viagem, prática que por excelência colocava os homens em contado direto com o mundo percorrido por meio da visão dos homens e das paisagens e da audição das inúmeras lendas e historietas ouvidas durante o caminho, foi, por consequência, rapidamente associada às formas ilegítimas de adquirir conhecimento. Mais sujeito às distrações banais proporcionadas pela natureza e aos desvios de conduta morais oferecidos pelo mundo, o viajante estava mais exposto às sugestões pecaminosas, que eram o primeiro passo para a efetivação da falta moral.

O próprio Agostinho de Hipona "confessa" sua dificuldade em evitar tais distrações durante suas viagens e deslocamentos. Como afirma, ele já estava aprimorado o suficiente para evitar um espetáculo natural como "um cão a correr atrás duma lebre quando isso sucede no circo". Mas o problema era se a caçada fosse em um "campo [...] casualmente" percorrido por ele, pois, admite, "talvez ela me distraia dum pensamento importante e, se me não obriga a mudar de caminho para a seguir, sigo-a ao menos com um desejo de coração" (Agostinho, 1990, Livro X, cap.35). O que todo fiel deveria almejar para evitar "tantos pensamentos fúteis, que se despenham sobre nós e nos cortam

---

16 A referência bíblica está localizada em I Jo. 2: 16.

50 RAFAEL AFONSO GONÇALVES

a atenção em coisa tão importante", segundo Agostinho (ibidem), é uma total despreocupação com os meios sensoriais da carne, com o fim de desviar dos caminhos mundanos e empreender uma viagem em direção a Deus. Para tanto, ele apela para uma forma interiorizada dos sentidos, a única capaz de fazer o fiel resistir "às seduções dos olhos para que os pés, com que começo a andar no Vosso caminho, não fiquem presos", e levantar "os olhos invisíveis, a fim de que me livreis os pés, do laço da tentação" (ibidem, cap.34).

Com Santo Agostinho, a associação entre as viagens e a curiosidade ganha amarras mais duradouras, legando ao pensamento cristão medieval um forte teor pejorativo do conhecimento adquirido durante as andanças pelo mundo. Outros importantes pensadores e teólogos reforçaram essas ideias durante um longo período. Cerca de um século e meio após a escrita das *Confissões* de Agostinho, São Bento utilizou grande parte das convicções que sustentavam a argumentação do bispo de Hipona sobre a validade de certos tipos de conhecimento para redigir sua *Regra*. Atingindo um grande sucesso a partir do século VI, essa obra fez-se fundamental para todo pensamento monástico medieval, pois era ela quem estabelecia as principais normas condutoras da vida dos religiosos enclausurados.

Um dos pontos fundamentais para a condução de uma vida religiosa virtuosa e disciplinada, segundo a *Regra de São Bento*, era a estabilidade. O monge deveria professar o voto de estabilidade, permanecendo em um mesmo lugar e em uma mesma comunidade, onde ele se dedicaria à vida religiosa, passando ali o resto de seus dias. A estabilidade, nesse sentido, garantia que o monge e, consequentemente, a comunidade monástica vivessem sempre voltados para Deus. Para assegurar essa estabilidade, a *Regra* procurava garantir a permanência dos monges dentro dos muros dos mosteiros, essas verdadeiras ilhas de paz em um mundo de conturbações. A permanência nos mosteiros era desejada, porque Bento acreditava que, do lado de fora, o monge poderia ter sua atenção desviada de sua meta principal: a contemplação de Deus. Por isso, quando trata "do porteiro dos mosteiros", um dos poucos que poderia ter um contato maior com o mundo exterior, dada sua posição próxima à saída, ele recomenda "um ancião prudente [...],

CRISTÃOS NAS TERRAS DO CÃ **51**

cuja maturidade não lhe permita vaguear". Bento adverte, ainda, que o mosteiro "deveria ser construído de tal modo que todas as coisas necessárias, isto é, água, moinho, horta, oficinas e os diversos ofícios se exerçam dentro do mosteiro". Isso a fim de que "não haja necessidade de os monges saírem e andarem fora, o que de nenhum modo convém às suas almas" (*Regra...*, 1993, p.137-8).

Embora oriente os monges a permanecerem trancados nos mosteiros, Bento admite a possibilidade de, por alguma necessidade, ocorrerem algumas viagens, e procura inclusive normatizar essa prática em dois capítulos de sua *Regra* dedicados aos "irmãos mandados em viagem". Para não fugir do princípio da estabilidade, recomenda que, durante o percurso, a primeira ação do viajante deva ser não deixar de cumprir os ofícios diários "consigo mesmos" e não descuidarem do "desempenho desta obrigação" (ibidem, p.116). Guardando o máximo possível suas observâncias monásticas, o monge deveria, por assim dizer, levar o monastério consigo para todos os lugares, perpetuamente, como uma espécie de proteção contra o mundo ao seu redor (Delatte, 1948, p.534-5). Essa preocupação se devia às inúmeras tentações que o monge viajante poderia encontrar no exterior do monastério.

Segundo a *Regra*, os monges também deveriam, "ao regressarem, se prostrar no oratório, pedindo a todos que rezem por eles por causa das faltas cometidas durante a viagem, deixando-se, talvez, surpreender, vendo ou ouvindo alguma coisa má ou mantendo conversas ociosas" (*Regra...*, 1993, p.138). Aqui, portanto, é possível encontrar os mesmos fundamentos que também levaram Santo Agostinho a desestimular a prática das viagens. Tanto o meio pelo qual o conhecimento é constituído, ou seja, o visto e o ouvido, quanto seu próprio conteúdo são também mencionados no trecho. A palavra "ociosas", utilizada por Bento para qualificar as conversas que o monge poderia ter durante a viagem, tem o mesmo sentido de inútil, estéril, o que lembra em muito os termos utilizados por Agostinho e outros pensadores para designar a curiosidade. É por esse teor nocivo do conhecimento adquirido durante a viagem que Bento, enfaticamente, adverte: "Ninguém presuma transmitir aos outros o que viu e ouviu fora do mosteiro, pois isto poderia muito prejudicar" (ibidem, p.138). Para evitar essa

52 RAFAEL AFONSO GONÇALVES

e outras faltas, São Bento apresenta "os doze graus da humildade" para "alcançar rapidamente aquela exaltação celeste à qual só se pode chegar pela humildade da vida presente". O duodécimo grau, ou seja, a última etapa para o fiel atingir um grau de perfeição que o levasse à salvação, era justamente o cuidado com a "errância do olhar". Para evitar esse tipo de tentação, aconselha a *Regra*, o monge deve adotar uma postura corporal específica, pois ele não "deve só conservar a humildade interior", mas deixá-la transparecer "exteriormente aos que veem". Por isso, é preciso que, "em viagem, no campo ou onde quer que esteja, sentado, andando ou em pé, tenha sempre a cabeça inclinada, com os olhos fixos no chão" (ibidem, p.77).

Os preceitos e normas presentes na *Regra* beneditina obtiveram notável alcance e sucesso nos meios monásticos na cristandade, pois, como já mencionado, durante séculos ela foi a principal regra condu-tora da vida dos religiosos no interior dos monastérios. É inspirado na *Regra*, ou mais especificamente, nos "doze graus da humildade", que o cisterciense Bernardo de Claraval escreveu a obra supracitada, *Os doze passos da humildade e orgulho*, em meados do século XII. Se, para Bento, o último grau da humildade era o cuidado para não tirar os olhos do chão para evitar o desvio de sua atenção dos assuntos do espírito, o primeiro passo para o orgulho, segundo Bernardo, era precisamente "o apetite pelo conhecimento, especialmente sendo curioso com os olhos" (Bernard, 1985, p.47). Bernardo, de certa maneira, sintetizou as principais ideias monásticas referentes à busca pelo conhecimento, o que também contribuiu para o sucesso atingido por seus escritos, tanto anterior quanto posteriormente a sua morte.[17]

Para finalizar os exemplos sobre o que se pensava sobre a curiosi-dade na vida do fiel, depois de termos já visto algumas indicações de Bernardo sobre as viagens e outras sobre suas raízes no pensamento cristão dos primeiros séculos, vale um último. Além da referência re-corrente ao pecado original, em que lamenta que, se não tivessem sido "motivados pela curiosidade [...], nossos primeiros pais teriam sido melhores e mais sábios", pois eles não possuiriam "esse tipo de conhe-

---

17 Sobre Bernardo de Claraval, cf. Aubé, 2003.; Leclerq, 1976.; Georges, 1977.

CRISTÃOS NAS TERRAS DO CÃ **53**

cimento [...] adquirido somente através da estupidez e da desgraça" (ibidem, p.20 e 29), Bernardo cita outro caso: o de Diná.[18] A história bíblica[19] conta que, quando Diná tinha cerca de 6 anos de idade, seu pai, Jacob, mudou de Harã para a cidade de Sucote, em Canaã. Perto do acampamento de Diná localizava-se a cidade de Siquém, para onde Diná se dirigia frequentemente para visitar as moças cananeias, que não partilhavam dos costumes religiosos dos descendentes de Abraão. Durante uma dessas visitas regulares, Siquém, filho de Hamor, o maioral, estuprou Diná. Siquém apaixonou-se por Diná, e esta ficou em sua casa até que Simeão e Levi, irmãos de Diná, decidiram vingá-la. Eles primeiramente convenceram os homens de Siquém a efetuarem a circuncisão em troca da mão de Diná em casamento. Porém, enquanto os habitantes da cidade ainda estavam se recuperando da operação, os dois irmãos atacaram a cidade e mataram todos os homens, incluindo Hamor e Siquém.

Para Bernardo, Diná era uma mulher que, em razão de sua curiosidade, levou sua família à indignidade. O monge pergunta: "Diná, por que era necessário para você olhar para mulheres estrangeiras?", e responde com um tom bastante comum para os homens de seu tempo, "isto era desnecessário e não serviu para nenhum propósito útil. Isto foi feito por mera curiosidade". Sair de sua terra para conhecer um povo estrangeiro, com costumes diferentes dos seus, de acordo com o monge de Claraval, não poderia ter nenhuma utilidade meritória. O que levou Diná à desgraça não só de si mesma, mas também de toda sua família, foi sua curiosidade, a mesma que levou Eva a legar a danação a toda humanidade. Bernardo ainda termina se perguntado "quem poderia imaginar que sua descuidada curiosidade resultaria não apenas em ações imprudentes, mas causaria sua própria ruína, de sua família e de seus inimigos" (ibidem, p.48).

Essas diversas referências mostram como, ao longo do tempo, as viagens foram associadas à curiosidade, um tipo de conhecimento que não se julgava benéfico para o fiel, ou melhor, não contribuía para seu

---

18 Sobre Diná, cf. Duby; Perrot, 1990.
19 Referência bíblica em Gênesis 31:41.

54 RAFAEL AFONSO GONÇALVES

aprimoramento espiritual. Assim, aquele conhecimento adquirido durante a viagem só poderia levar os homens a um contato com coisas mundanas, supérfluas, inúteis à salvação. Isso porque, segundo eles, o que fosse alcançado pelos sentidos do corpo – o visto e o ouvido, sobretudo – só poderia estar ligado ao carnal, claramente oposto ao conhecimento espiritual e divino, o único verdadeiro. Os exemplos de Eva e de Diná serviam de alegorias para exemplificar os malefícios trazidos por esse tipo de saber, o desejo de tudo saber, no caso de Eva, e a vontade de conhecer outros povos e costumes, no caso de Diná.

A desvalorização das viagens nos sugere o porquê da aparente falta de interesse, manifesta nos medievais até o século XII, em conhecer outras terras e homens do além cristandade. Esse desinteresse, contudo, contrasta significativamente com o desejo, anteriormente exposto, dos homens do século XIII em percorrer e relatar sobre longínquas e diversas terras. Como foi possível então aos homens do final do século XIII rever o valor das viagens e de seu potencial de ampliar o conhecimento do mundo? Melhor, como passaram a crer na importância de fazer dos relatos de viagem grandes repositórios de impressões e juízos sobre os homens encontrados em diversas partes das terras orientais? É o que veremos a seguir.

O despertar para o mundo à volta

A resposta para essa questão do novo sentido das viagens e dos registros delas, a nosso ver, não está ligada propriamente a uma valorização do conhecimento do mundano. A curiosidade, como os medievais preferiam chamar a esse tipo de saber, continuou a significar algo ilícito, supérfluo ou inútil ainda durante muitos séculos. Como alguns estudos indicam, a curiosidade só perdeu seu valor negativo – adquirindo um conteúdo mais neutro – no século XVI, e mais generalizadamente no século XVII, quando o conhecimento recoberto pela alegação do ceticismo e da cientificidade reabilitou o termo (Harrison, 2001, p.265-90). No século XVI, podemos encontrar alguns homens, como o filósofo francês Michel de Montaigne, dizendo, já com um certo afastamento

CRISTÃOS NAS TERRAS DO CÃ **55**

da moralidade cristã medieval, que "os cristãos têm uma particular ideia de que a curiosidade é um mal natural e original do homem. O desejo de se engrandecer com sabedoria e ciência foi a primeira ruína do gênero humano: essa é a via pela qual ele se precipitou à danação eterna" (Montaigne, 2000).

Entre os séculos XIV e XV, entretanto, a permanência do valor pejorativo da curiosidade, e sua associação com as viagens, é notável em obras de grande circulação, como *A divina comédia*, de Dante Alighieri, escrita provavelmente entre 1304 e 1314. Como consta na obra, ao encontrar a alma de Ulisses na oitava vala do inferno, Dante, preocupado em descrever a situação em que se encontravam as almas dos mortos, questiona o herói sobre como se deu sua morte. O célebre viajante grego, envolto em uma chama, respondeu que, ao partir para uma última empreitada já em idade avançada, foi atingido por um turbilhão de águas que levou sua embarcação ao naufrágio. Ao relatar--lhe os motivos que o levaram a tal grande viagem, Ulisses menciona que sua vontade de se lançar ao mar a fim de conhecer outras partes do mundo e outros homens era superior àquela que o fazia permanecer em sua própria terra: "nem de filho ternura, nem afeta/pena do velho pai, nem justo amor/que alegraria Penélope dileta,/em mim puderam vencer o fervor/que me impelia a conhecer o mundo,/e dos homens os vícios e o valor" (Alighieri, 1998, Inferno XVI, v.94-9).

À diferença do Ulisses de Homero, descrito fundamentalmente como um viajante a contragosto, o Ulisses descrito por Dante em sua *A divina comédia* aparece incitado pelo desejo desmedido de conhecer o mundo (Hartog, 2004, p.25). Ao descrever Ulisses, considerado o primeiro grande viajante da literatura ocidental (ibidem, p.14), como um homem que se colocou nos caminhos do mundo à procura de um conhecimento que se daria pelo encontro com outros povos em regiões distantes, Dante traduz certas concepções correntes de sua época a respeito desses viajantes, que, movidos também por curiosidade, propuseram-se a deixar sua terra conhecida para visitar lugares longínquos. Por isso, Dante o situa nas profundezas do Inferno, e não nos outros planos do além visitados por ele, o Purgatório ou o Paraíso. As próprias circunstâncias da morte de Ulisses são indicativas de sua excessiva atenção às coisas do mundo. Segundo Dante, o grego morreu porque, enquanto contemplava uma "imensa montanha", tão bela que deixara os viajantes "em prantos", não percebeu que subitamente um "tufão medonho" se aproximava, levando ao naufrágio sua embarcação.

A trajetória do Ulisses dantesco, todavia, indica que não são todos os tipos de viajantes que deveriam ser repreendidos por não se fixar em sua residência, ou melhor, que deveriam ser rechaçados por empreender suas viagens. Ulisses, como nos conta Dante, só foi castigado por Deus – sendo colocado no Inferno – após deixar sua casa imprudentemente, "já na velhice dos sentidos tardos", motivado por uma vontade despropositada de conhecer o mundo. Em sua primeira viagem, cujo objetivo específico era retornar para casa, Ulisses parece ter sido protegido pela Providência Divina, voltando para casa a salvo. Essas duas viagens do Ulisses dantesco mostram-nos que no transcorrer do século XIV já se contemplava uma forma de viagem moralmente válida, livre da depreciação dos padres, mas não, evidentemente, de sua normatização. Nota-se, nessa altura, uma tentativa crescente de conceber um tipo de viagem não vinculada à curiosidade e, por isso mesmo, podendo ser legitimada e justificada pela moral cristã. É esse novo fundamento das viagens às partes orientais nos séculos XIII e XIV que nos cabe agora examinar.

Desde as primeiras incursões às terras tártaras, os europeus viajantes demonstravam certa preocupação em reafirmar a utilidade de seus relatos, numa tentativa de justificar a seu leitor que aquelas observações não são irrelevantes, isto é, vãs curiosidades. Diferentemente de outros lugares, como a Palestina, há tempos visitados pelos cristãos movidos pela memória da Bíblia, o interior do continente asiático não era uma referência na tradição histórica cristã. Isso, durante muito tempo, favoreceu a ideia de que tais terras desse interior não ofereciam nada que pudesse contribuir efetivamente para a salvação da alma. Por esse motivo, muitos viajantes se preocuparam em ressaltar que seus relatos não tratavam de assuntos curiosos, mas antes de assuntos proveitosos aos fiéis cristãos. A aparição do grande império liderado pelo Cã favoreceu, desse modo, o desenvolvimento das justificativas do interesse

CRISTÃOS NAS TERRAS DO CÃ **57**

dos cristãos por terras desprovidas de uma tradição bíblica ou ausentes da história do Cristianismo. Um dos primeiros a deixar um relato pormenorizado sobre os povos orientais, em meados do século XIII, o citado frei João de Pian del Carpine já esclarecia, logo no início de sua narrativa, que sua viagem tinha o objetivo de "cumprir a vontade de Deus, segundo o mandato do senhor Papa", para assim eles serem "de algum modo úteis aos cristãos" (Carpine, 2005, p.29). Após essa menção, a serventia do relato não demora a ser utilizada novamente pelo frade italiano para justificar suas observações e dotá-las de veracidade. Ainda no prólogo, Carpine alerta que um dos motivos pelos quais os leitores deveriam depositar confiança em seu relato era por ele o ter escrito para a "utilidade" deles (ibidem, p.30).

O mestre da Ordem dos Pregadores, Humberto de Romans, escreveu aos viajantes, em um tratado do século XIII, "as coisas que deveriam evitar". Dentre elas, o dominicano elenca: o uso da viagem como fuga da disciplina, a viagem movida pela gula, a visita aos parentes e o excesso nas distâncias; tudo o que poderia causar danos tanto físicos quanto espirituais. Além disso, Humberto de Romans menciona aqueles que "viajam por curiosidade, desejando ver isto ou aquilo, investigar ou ouvir o que não é de sua conta". Recordando a conhecida *Regra* beneditina, o dominicano aponta que esses viajantes seriam aqueles "que São Bento chamou de vagabundos sem rumo e os quais ele detestava muito" (Humbert, 1951, p.89-90).

Alguns viajantes da metade do século XIII também se mostraram preocupados com o caráter de mera curiosidade que alguns assuntos tratados poderiam apresentar. Na verdade, os limites entre o que era considerado curioso ou não muitas vezes pareceu incerto. Essas discordâncias entre a legitimidade de certas informações podem ser encontradas até mesmo entre os frades da mesma ordem. O autor do *Tartar Relation*, enviado para participar de uma espécie de audiência com o grupo de viajantes liderado por Pian del Carpine, recém-chegado das terras orientais, acreditou que algumas das informações proferidas pelos frades, mais especificamente sobre as vestimentas tártaras, deveriam ser omitidas. Carpine havia dedicado uma parte de um capítulo de seu relato à descrição das vestes tártaras, o que se tornou comum

58 RAFAEL AFONSO GONÇALVES

em muitos outros relatos posteriores, também atentos aos modos de vestir e de se adornar utilizados pelos tártaros. O já indicado frade C. de Bridia, entretanto, considerou importante apenas saber, acerca dos trajes tártaros, que "homens e mulheres vestem o mesmo tipo de roupas e por isso não é fácil distingui-los", pois, segundo ele, "esses assuntos parecem ser mais curiosos do que úteis", e por isso não haveria necessidade de se preocupar em "escrever mais longamente sobre suas roupas e seus ornamentos" (*The Vinland Map...*, 1965, p.86). Assim, guarnecido pela recorrente oposição "útil-curioso", o frade se cala sobre as vestes tártaras para dar voz a assuntos considerados mais proveitosos.

O desejo dos viajantes era tratar somente de assuntos "úteis" para as almas cristãs e para a cristandade, sem cair nas superficialidades facilmente encontradas na contemplação do mundo sensível. Essa ambição levou alguns a desenvolver preâmbulos em suas narrativas, para de algum modo justificar a escrita do relato, por meio de tópicos recorrentes no pensamento cristão. No diálogo estabelecido com o rei da França, destinatário principal de seu *Itinerário*, Guilherme de Rubruc apresentou essa inquietação com o valor negativo que poderia ser atribuído a sua obra. Reafirmando o valor do relato por meio da retórica da humildade – muito comum tanto em textos endereçados a reis como também no discurso franciscano –, o frade declara ter realizado a obra "como sábio e não como estulto, pois muitos fazem o que faz o sábio, mas não sabiamente; antes, fazem-no estultamente", entre os quais ele temia estar (Rubruc, 2005, p.115).

Não há uma distinção clara, principalmente quando nos referimos ao medievo, entre tópicos retóricos e inquietações efetivas dos viajantes de que o relato não fosse considerado um ajuntamento de curiosidades. A necessidade do uso dessa retórica, todavia, muitas vezes funcionando como um legitimador do conteúdo descrito, pode nos dar indícios das preocupações e inquietudes da época. Esse jogo entre os recursos de validação retóricos e a tentativa de evitar o julgamento de curioso é mais claramente perceptível no relato do franciscano Jean de Marignolli, de meados do século XIV. Seu texto possui algumas especificidades que tornam mais difícil de enquadrá-lo na série das outras narrativas e, ao mesmo tempo, mais instigante. Suas observações sobre as terras ao

CRISTÃOS NAS TERRAS DO CÃ **59**

oriente estão presentes em uma crônica universal, encomendada pelo imperador do Sacro Império entre 1348 e 1378, Carlos IV, crônica essa conhecida como *Crônica de Boêmia* e que, por sua ambição universal, começa, como outras do gênero – comuns nos séculos XIII e XIV – relatando sobre a Criação e estende-se até a contemporaneidade de seu autor. As informações concernentes a sua experiência de quatorze anos nas terras orientais são incluídas para esclarecer algumas passagens bíblicas, já que o viajante afirma ter visitado pessoalmente o Jardim do Éden, localizado precisamente "além da Índia colombina, em frente ao Monte Ceilão" (Jean, 2009, p.39).

Em uma dessas intervenções, mais especificamente quando relata sobre os monstros possivelmente encontrados na Índia, Marignolli afirma ter percorrido "com uma grande curiosidade todas as províncias da Índia, tendo um espírito mais curioso do que virtuoso, querendo tudo saber", quando podia. O franciscano revela que acabava por fazer mais esforços "do que um outro que se lê e se conhece, para conhecer as maravilhas do mundo" (ibidem, p.73). É interessante notar a ambiguidade presente no trecho, pois, apesar de contrapor o curioso ao virtuoso, o viajante parece se identificar mais com o primeiro, julgando-se mais esforçado do que um grande viajante bastante conhecido, provavelmente Marco Polo. É difícil compreender a razão que o leva a qualificar-se como vicioso, senão como uma forma de engrandecer seu destinatário e, ao mesmo tempo, mostrar-se um "humilde pecador". Não podemos esquecer que, assim como Guilherme de Rubruc, Marignolli endereça sua obra a um monarca. Ele chega a mencionar que, se algumas referências de sua viagem não fossem do agrado do rei, elas seriam "apagadas". Portanto, não parece tratar-se de um indicativo de uma mudança no valor pejorativo da curiosidade – visto que ele mesmo opõe curiosidade e virtuosidade –, mas sim um recurso para exaltar o poder real e promover sua narrativa. Por outro lado, o viajante franciscano também não foge ao critério da utilidade da informação para incluir suas experiências no continente asiático para explicar a Criação. Em certa altura do relato sobre a gênese bíblica, ele explica que decidiu "inserir uma história do Ceilão", porque "o assunto verdadeiramente exige [...] e porque isso seria agradável e útil a alguns" (ibidem, p.47).

60 RAFAEL AFONSO GONÇALVES

A partir do século XIII, o desejo de conhecer o mundo sensível e os homens que nele habitam começou a ser justificado em diversos escritos empenhados em desvinculá-lo da curiosidade e atribuir-lhe fins engrandecedores. O conhecimento do mundo cada vez mais ganhava utilidade para a salvação cristã. Um dos grandes difusores e legitimadores dessa vontade de saber foi o conhecido teólogo dominicano Tomás de Aquino. Para o célebre pensador, a curiosidade estava relacionada ao conhecimento do sensível, mas apenas a um lado nocivo desse tipo de conhecimento, e não à sua inteireza. Seria condenável, pois, apenas quando não fosse ordenado para "nada de útil" e desviasse "o homem de alguma útil consideração" (Aquino, 1980, q.167, art.2). Tomás de Aquino, assim como outros cristãos, sublinhava, desse modo, que a função do conhecimento era que lhe conferia seu valor e levava ao extremo essa concepção, alimentando vários outros pensadores.

O próprio desejo de conhecer uma verdade, de acordo com ele, poderia ser condenável se seu uso não fosse moralmente virtuoso. Esse uso desvirtuoso poderia ocorrer de quatro maneiras principais: "se preferirmos um estudo menos útil a outro a que deveríamos necessariamente nos aplicar"; em segundo lugar, "se procuramos aprender de quem não é lícito que o façamos, tal o caso de quem procura nos demônios certos conhecimentos futuros"; "quando desejamos conhecer a verdade sobre as criaturas, sem a referir ao fim devido, que é o conhecimento de Deus"; e, por fim, "quando nos esforçamos por conhecer uma verdade superior à faculdade do nosso engenho; pois, assim, facilmente caímos em erros" (ibidem, q.167, art.1). Tomás concebe, nesse sentido, uma hierarquia de utilidades e verdades, sendo consideradas repreensíveis aquelas que "não se ordenam devidamente à suma verdade, na qual consiste a felicidade suma".

Ao colocar o acento tão fortemente sobre a utilização do conhecimento, Tomás de Aquino abriu a fresta para a possibilidade de um emprego benéfico do conhecimento sensível. Assim como o conhecimento da verdade poderia, segundo ele, adquirir um valor negativo, dependendo de seu uso, o conhecimento do sensível também poderia ter uma utilidade benéfica. Segundo Tomás de Aquino, esse desejo

CRISTÃOS NAS TERRAS DO CÃ   61

virtuoso de saber, que "se opõe à curiosidade", seria a *estudiosidade*. A estudiosidade, de acordo com o teólogo, é a vontade de saber moderada pela temperança e, por isso, dotada de um fim específico e benéfico para a salvação da alma. Embora o homem tivesse uma vontade natural de saber, "a moderação desse apetite [de conhecer] é o objeto da virtude da *estudiosidade*. Donde a consequência que a estudiosidade é parte potencial da temperança, como virtude secundária anexa à principal" (ibidem, q.166, art.2). A temperança, nesse sentido, serviria como um antídoto para os diversos tipos de má curiosidade, contribuindo na construção de um conhecimento virtuoso (Zacher, 1976). "Pela nossa alma", diz Tomás, "somos levados a desejar o conhecimento das coisas; e, assim, é louvável refrearmos esse apetite, para não buscarmos com excesso o conhecimento delas" (Aquino, 1980, q.166, art.2).

Moderado pela virtude da temperança, o desejo de conhecer seria conduzido quase naturalmente a um fim moralmente valoroso. Até mesmo o conhecimento do mundo sensível poderia ser digno de louvor, quando motivado pela estudiosidade. Segundo Tomás de Aquino, "quem busca ordenadamente o conhecimento sensível, pela necessidade de sustentar a natureza, ou pelo estudo de compreender a verdade, pratica uma *estudiosidade* virtuosa em matéria de conhecimento sensível" (ibidem, q.167, art.2). Mesmo a observação de outros homens, repreendida por muitos pensadores monásticos anteriores, é reavaliada pelo dominicano. Em sua súmula, ele afirma que:

> Dar atenção aos actos dos outros com a boa intenção da nossa utilidade própria, para nos tornarmos melhores pelas boas obras do próximo, ou ainda para a utilidade dele, para que se corrija, do em que porventura procede mal, pelas exigências da caridade ou do nosso dever é louvável [...] Mas, quem se puder a examinar os vícios do próximo, para desprezá--los, detraí-los ou, pelo menos, para inutilmente os inquietar, procede viciosamente. (ibidem, q.167, art.2)

Essas novas formas de se entender o conhecimento do sensível foram simultâneas ao surgimento de novos modos de religiosidade e de compreensão da relação entre o religioso e o mundo que o cerca. Seus interesses e percepções, cujos primeiros germes podem ser encontrados em algumas expressões do século XII,[20] encontraram terreno fértil para seu florescimento, entretanto, apenas no início do século XIII, nas nascentes ordens mendicantes. Criadas também com o objetivo de renovar alguns traços da espiritualidade cristã, as ordens mendicantes acabaram desempenhando um importante papel na valorização do interesse pelo conhecimento do mundo sensível. Diferentemente de outras ordens religiosas, especialmente as monásticas, adeptas do isolamento e da clausura, sintetizados no mencionado ideal de "rejeição do mundo", os irmãos mendicantes defenderam a importância da proximidade entre os religiosos e os demais homens, e acabaram, posteriormente, por estimular o contato com os povos adeptos de outras religiões. Como declara um dístico que se tornou mais tarde proverbial:

> Bernardo amava os vales, Bento as montanhas
> Francisco as povoações, Domingos as cidades populosas. (Le Goff, 1996, p.227)

Nesse provérbio é sublinhada, por um lado, a ligação do monaquismo antigo ou novo, beneditino e cisterciense, com a natureza e a solidão; por outro, é destacada a relação das ordens mendicantes, franciscanos e dominicanos, com as cidades e com os homens que as habitam (ibidem, p.227).

O surgimento dos mendicantes, entretanto, não aconteceu sem conflitos ou discussões travadas com outros religiosos. Diferentemente do estado das ordens monásticas, herdeiras de formas de vida e ascese que datavam dos primeiros séculos do Cristianismo latino, as ordens mendicantes não gozavam ainda de uma tradição consolidada, nem mesmo de um campo de atuação bem delimitado.[21] É justamente na carência de uma tradição, tão cara aos medievais, que as maiores críticas e cobranças oriundas das ordens monásticas se fundamentavam. Por

---

20 Para Arieh Graboïs, as modificações seriam fruto do renascimento do século XII. Cf. Graboïs, 1998; Haskins, 1927.

21 Sobre a os conflitos entre mendicantes e seculares no século XIII, cf. Congar, 1961.

CRISTÃOS NAS TERRAS DO CÃ 63

volta do ano de 1225, um monge anônimo do mosteiro germânico dos premonstratenses procurou desvalorizar a criação das novas ordens, pois, em sua opinião, as ordens já existentes, contando com a credibilidade do tempo, possuíam muito mais virtudes em suas propostas. Segundo ele,

> [...] é conhecido a que cume de santidade chegaram, por sua maneira de viver, os beatíssimos Agostinho e Bento que viveram tudo quanto ensinaram. Se alguém quisesse viver fielmente as suas normas não haveria necessidade de novas instituições. Na verdade, se a estas novas instituições se pede a santidade, poderia ser-lhes suficientes aquela à qual chegaram os mencionados santíssimos padres vivendo segundo suas regras. De fato, não se pode crer facilmente que alguém, seja da Ordem dos Pregadores, seja dos Frades Menores, há de tornar-se mais santo que Agostinho e Bento. (Anônimo, 2004, p.1296)

A presença e o interesse dos frades mendicantes nas partes orientais também demandaram um aparato discursivo capaz de justificar e legitimar sua existência. As formas de atuação, mais ligadas ao modelo apostólico do que às formas monásticas de religiosidade, foram alvo de críticas e denúncias oriundas de outros religiosos. A proximidade com que os frades se relacionaram com tártaros transpareceu muitas vezes aos homens ligados a outras formas de vida religiosa como uma assistência aos inimigos. Em uma carta compilada pelo monge beneditino Mateus Paris no ano de 1243, endereçada ao arcebispo de Bordeaux, o clérigo Ivo de Narbonne critica a ação dos mendicantes junto aos tártaros:

> Vendo, assim, que tais perigos estão crescendo em toda Cristandade, o que esses frades estão fazendo, com seus novos ritos religiosos, e novidades tão frescas que eles confeccionaram, acreditando que sozinhos teriam encontrado o caminho da perfeição além dos outros? Pela confissão e outras intimidades, eles deveriam atrair o apreço de príncipes e nobres, e seriamente, e implorando chorar nos seus ouvidos contra os tártaros: eles fazem mal, se eles não se dedicam realmente a isso; eles fazem pior, se eles apenas disfarçam sua dedicação; mas, pior que qualquer coisa, se eles dão

64 RAFAEL AFONSO GONÇALVES

assistência ao inimigo. O que estão fazendo os irmãos Brancos e Negros?[22] [...] por que eles não pregam uma Cruzada contra os tártaros, quando veem todos esses perigos se aproximando? (*Matthew...*, 1852, p.472-3)

Como já tratado, um dos principais fatores que contribuíram para o desinteresse dos religiosos monásticos por outros povos, terras e, de modo geral, pelo mundo exterior ao monastério foi a noção de *contemptus mundi*. O termo, no entanto, não desapareceu dos principais escritos religiosos dos autores oriundos das nascentes ordens mendicantes. O que modificou, como procuraremos indicar agora, foi o sentido atribuído a ele, corroborando a alteração, como acreditamos, na relação entre o religioso e o mundo à sua volta. Recém-surgidas, no início do século XIII, as ordens mendicantes, especialmente franciscanos e dominicanos, não poderiam ou mesmo pretendiam realizar uma ruptura total com as formas de vida e crenças oriundas do pensamento monástico que as precediam. A vontade de desprezar o mundo foi uma das permanências herdadas principalmente no que toca à distinção entre a vida religiosa mendicante e aquela adotada pelos laicos. Em seu *Testamento*, escrito poucas semanas antes de sua morte, em 1226, Francisco de Assis conta como suas visitas aos leprosos o auxiliaram em sua conversão: "o próprio Senhor me conduziu entre eles e fiz misericórdia com eles. E afastando-me deles, aquilo que me parecia amargo converteu-se em doçura da alma e do corpo; e, em seguida, detive-me um pouco e saí do mundo" (São Francisco, 2005, p.83).

O cronista francês Jacques de Vitry também apontou, em seu *Da ordem e da pregação dos frades menores*, escrito no século XIII, que os

---

22 Os dominicanos eram conhecidos também por "frades negros" (*black friars*), provavelmente pelo manto negro que comumente cobre sua túnica. É importante ressaltar que tal designação não se confunde com aquela que se refere aos beneditinos, conhecidos como "monges negros"(*black monks*), e sua ordem como Ordem Negra. A denominação "frades brancos" (*white friars*) geralmente se refere aos carmelitas, religiosos da Ordem do Carmelo que, fundada no século XII, tornou-se mendicante apenas no século seguinte. Entretanto, outras passagens da mesma crônica se referem aos franciscanos por essa mesma designação. Considerando também que não há registros sobre carmelitas envolvidos com as invasões tártaras, acreditamos que nessa passagem os "frades brancos" seriam os franciscanos.

CRISTÃOS NAS TERRAS DO CÃ 65

frades franciscanos negavam o mundo. O cronista chegou a compará--los a outros religiosos na efetivação desse preceito, afirmando que os seguidores de Francisco eram "os verdadeiros menores e os mais humildes dentre todos os regulares. Isto pelo hábito, pela nudez e desprezo deste mundo" (Jacques, 2005, p.1306). A alteração do preceito do *contemptus mundi*, no entanto, não está em sua não utilização, mas no significado que os frades atribuíram a ele. Enquanto seus precedentes monásticos o associavam à negação dos desejos carnais e a todos os atos pecaminosos ligados ao corpo, os frades menores entenderam que a recusa da possessão de bens materiais era a forma mais eficaz de se afastar do mundo.[23] Em um período em que a riqueza e a propriedade tornavam-se cada vez mais os signos do poder, a pobreza e a mendicância pareceram aos frades confundir-se com o desprezo da principal fonte dos malefícios do mundo (Dijk, 1965, p.165).

Origem de litígios e conflitos, a propriedade era entendida pelos frades como o maior impedimento à dedicação exclusiva à sua busca salvífica. Os autores da *Legenda dos três companheiros*, texto que conta a história dos primeiros anos da Ordem dos Menores e seu fundador, escrito em meados do século XIII, dizem que o bispo da cidade de Assis ficou impressionado com a vida de extrema pobreza levada pelos primeiros menores, colocando-a em questão. Francisco, segundo a *Legenda*, justificou ao bispo: "se tivéssemos algumas posses, ser-nos--iam necessárias armas para nossa proteção. Pois daí nascem questões e pleitos e, em consequência, sói impedir-se de muitos modos o amor de Deus e do próximo". E, assim, completou o santo de Assis: "por essa razão não queremos possuir qualquer coisa temporal nesse mundo" (*Legenda...*, 2005, p.638).

Favorecendo a reinvenção do preceito, muitos autores do século XIII – como tem sido destacado em muitos estudos e só convém aqui recordar abreviadamente – também descreveram a recusa da vida profana realizada pelos frades sob a óptica da pobreza e da mendicân-

---

23 Há uma grande quantidade de obras que tratam da importância do ideal de pobreza para os franciscanos, dentre elas cf. Lambert, 1995. Falbel, 1995; Hardick, 1999; Mollat, 1989.

cia. O cronista Rogério Wendover escreveu, em 1236, que Francisco desprezava "a mutabilidade das coisas transitórias e com todas as forças suspirava ansiosamente pelo Reino celeste. Mas, para mais livremente pôr em obra o que concebera na mente, desprezou a não pequena herança paterna com todos os prazeres do século" (Wendover, 2005, p.1298). O supracitado Jacques de Vitry registra, acerca dos franciscanos, que "seu exemplo de vida santa e seu modo de viver perfeito convidam ao desprezo do mundo muitos homens, humildes, ricos e nobres que, para segui-los, abandonam castelos, casarios e imensas propriedades". E arremata o cronista, sublinhando a oposição entre a pobreza franciscana e o mundo desprezado: "num feliz comércio trocam as riquezas temporais pelas espirituais" (Jacques, 2005, p.1308).

A opção mendicante pela pobreza não apenas nega o mundo, mas também estabelece uma nova relação com ele. A mendicância favoreceu a criação de laços de dependência entre o frade e o mundo, ou melhor, um acordo mútuo em que o religioso deveria oferecer o testemunho da vida evangélica em troca de sua subsistência material (Dijk, 1965, p.166). Tomás de Celano, um dos mais importantes biógrafos do santo fundador da Ordem dos Menores, afirmou em sua *Segunda vida*, escrita entre 1246 e 1247, que essa espécie de contrato era difundido já por Francisco. Celano conta que o santo de Assis assegurava a seus confrades a existência de um "comércio entre o mundo e os frades: os frades devem dar bom exemplo ao mundo e o mundo deve prover-lhes suas necessidades. Por isso, quando os frades, faltando à palavra, deixarem de dar bom exemplo, o mundo retirará sua mão, em justa repreensão" (Tomás, 2005, p.335).

Tal "comércio" não indica somente o dever dos frades de se portarem virtuosamente, dando o "bom exemplo" no meio que os acolhia, mas também a necessidade de permanecerem em contato com o mundo para a própria sobrevivência. Ao contrário dos monges ou eremitas, que deixavam seu meio social para isolarem-se em mosteiros ou em eremitérios, os irmãos franciscanos e dominicanos não recusavam a convivência com seus contemporâneos, nem muito menos a residência no interior das cidades. Francisco, por exemplo, após ter "deixado o mundo", permaneceu em Assis (Dijk, 1965, p.165). Essa atitude to-

CRISTÃOS NAS TERRAS DO CÃ **67**

mada pelos frades menores aponta para a ideia de que, acompanhados pela "Senhora Pobreza", os religiosos poderiam viver fora de seus conventos, em meios urbanos e outros lugares populosos, sem que isso significasse estritamente uma atenção ao profano.

A pobreza era considerada uma verdadeira proteção, um filtro que auxiliava o frade – sem abusarmos da linguagem – a conservar-se fora do mundo, ao mesmo tempo em que permanecia nele. E é justamente pela peregrinação que Francisco procurou construir não só uma imagem ilustrativa da vida de seus confrades, mas também uma experiência efetiva que os membros de sua ordem deveriam adotar. Em sua *Regra* aprovada pelo papa Honório III, em 1223, considerada uma verdadeira descrição da maneira concreta de viver o Evangelho (Le Goff, 2001, p.86), o santo assisense aconselha seus confrades a não se apropriarem de nada, "nem de casa, nem de lugar, nem de coisa alguma. E, como peregrinos e estrangeiros neste século", servirem "ao Senhor na pobreza e na humildade" (Tomás, 2005, p.65). O biógrafo Tomás de Celano reforça a ideia de que os frades não pertenciam ao mundo. Na já destacada obra, Celano afirma, por meio das palavras de Francisco, que "os Frades Menores foram *emprestados* ao mundo para que os eleitos cumpram neles aquilo que vai ser recomendado pelo Juiz" (ibidem, p.335-6, destaque nosso).

Os frades, assim, deveriam residir em meio aos seus contemporâneos, desde que desinteressados pelos bens do mundo. As viagens, nesse sentido, passaram a ser entendidas como uma forma literal de realização da vida evangélica, e o mundo percorrido pelos frades ganhou importância em seus escritos e na atenção despendida por seus confrades e por outros homens que compartilhavam suas crenças. Os relatos de viagem tornam-se, desse modo, fontes de conhecimento legítimas, alimentando não somente o interesse anunciado pelos viajantes, mas também o de outros religiosos mendicantes de espírito mais sedentário. Frei Montecorvino, no início do século XIV, justificou o envio do relato a dois frades, um franciscano e um dominicano, porque sabia sobre o "grande zelo pela ciência" por parte deles e a vontade de ter "sabedoria e conhecimento de todas as coisas[...]" (Montecorvino, 2005, p.253). Atribuindo um novo significado ao *contemptus mundi*,

68 RAFAEL AFONSO GONÇALVES

os irmãos mendicantes fomentaram a discussão, então em voga, que questionava se o conhecimento do sensível, como o da natureza, das cidades e dos diferentes povos existentes em todos os cantos do mundo conhecido, poderia ou não auxiliar os religiosos no conhecimento de Deus, suas criações e suas decisões.

Tais questões, que discorriam em grande medida sobre as formas de atuação dos religiosos na sociedade e, em especial, sobre o conhecimento das realidades mundanas e transcendentes, ocuparam um lugar muito importante nos ambientes cultos e universitários de toda a cristandade ao longo dos séculos XII, XIII e XIV. Com a crescente aquisição de cadeiras nas Universidades, que paulatinamente adquiriam espaço na sociedade medieval,[24] os frades franciscanos e dominicanos trouxeram um novo ânimo para os debates (Wyngaert, 1922; Boadas Llavat, 2005; Verger, 1978). Era uma contenda que se alongava há muito tempo e, em última instância, se alimentava da confrontação entre as tendências neoplatônicas de caráter agostiniano e os que preferiam as interrogações mais naturalistas e seculares do aristotelismo. No fundo, tratava-se de dar resposta a uma questão fundamental que poderia ser formulada, resumidamente, desta maneira: qual é a relação entre o conhecimento do mundo e o conhecimento de Deus? Ou, é possível conhecer a Deus a partir do conhecimento mundano? (Conde, 1990, p.133-43).

As viagens, todavia, não podem ser reduzidas a apenas um epifenômeno dessas discussões universitárias que envolveram uma boa parte dos principais pensadores cristãos de então. Elas também foram importantes na elaboração dos problemas e soluções que alimentavam esse debate, produzindo um discurso que cada vez mais reclamava sua legitimidade. O livro de viagens do franciscano Guilherme de Rubruc, por exemplo, foi utilizado por um dos grandes pensadores do medievo, o também seguidor de Francisco, Roger Bacon, para tratar do problema. Grande divulgador do pensamento aristotélico no medievo, Roger Bacon teve um significativo sucesso

---

24 Alguns clássicos da historiografia que discorrem sobre o tema são Verger, 1990; 2001 e Le Goff, 1993.

CRISTÃOS NAS TERRAS DO CÃ 69

no meio universitário, chegando a lecionar em dois dos grandes centros de saber da época, as universidades de Paris e de Oxford (Bacon, 2006, p.9-36).

É sabido que Roger Bacon e Guilherme de Rubruc se encontraram em Paris, em 1265, quando o viajante tinha finalmente obtido a autorização de deixar o convento da cidade do Acre para encontrar o rei francês Luís IX, que o enviara para as terras tártaras doze anos antes (Bouloux, [s.d.], p.125; Gueret-Lafarté, 1998, p.81-96). Do encontro com o viajante na França, o sábio imóbil extraiu uma série de informações e experiências que mais tarde integraram parte de sua obra. Em um de seus textos mais importantes, o *Opus Maius*, uma espécie de sumário de suas ideias e soluções propostas para resolver os principais problemas que assolavam a cristandade, Bacon recorreu ao relato de viagem de seu confrade para tratar da geografia e das diferentes religiões não cristãs conhecidas por ele. Nessa obra, terminada no início de 1267, o teólogo franciscano chega a mencionar, por pelo menos duas vezes, as disputas teológicas empreendidas entre Rubruc, os nestorianos e os sarracenos na corte do Cã para elucidar as diferenças entre as religiões existentes no mundo (Charpentier, 1935, p.266). A utilização do *Itinerário* de Rubruc pelo célebre pensador nos sugere, pois, como os relatos de viagens tiveram um papel significativo para a construção dos problemas que permeavam o período. Longe de ser um produto acidental de uma discussão supostamente mais essencial, as viagens desempenharam um papel importante na construção dessa discussão, elaborando, dentro dos padrões de reflexão de uma narrativa de viagens, respostas para as questões que inquietavam seus contemporâneos.

Para entendermos melhor essas formulações construídas pelos relatos, procuraremos agora seguir os rastros das justificações da produção desse discurso específico que procurava dar conta da amplitude, da profundidade e dos limites do conhecimento adquirido a partir das viagens. Após tratarmos da alteração do significado atrelado ao princípio de *negação do mundo* e das tentativas de desvinculação entre as viagens e a curiosidade – importantes, a nosso ver, para entendermos o processo de validação desse conhecimento mundano –, buscaremos identificar quais eram os usos anunciados pelos viajantes para o conhecimento produzido nas narrativas de viagens. Melhor dizendo, se o relato deixava de ser uma "vã curiosidade" a partir do momento em que ajudava o fiel a atingir sua salvação, cabe-nos avaliar que outras utilidades foram atribuídas pelos viajantes a esses relatos. E, ainda, buscaremos examinar, sob a ótica dos viajantes, como as narrativas podiam favorecer os fiéis no enrijecimento de sua conduta e na conquista do Paraíso.

É para as respostas daqueles homens a essas questões, necessárias para a validação dos enunciados produzidos pelas narrativas de viagens, que nosso olhar se volta. Podemos dizer, de antemão, que essas respostas se bifurcam em duas linhas principais, ambas arraigadas, naturalmente, nas crenças e nos julgamentos característicos dos homens dos séculos XIII e XIV. Uma delas, fundamentalmente moralizadora, justificou a observação do mundo por uma suposta correspondência entre os acontecimentos terrestres e os desejos de Deus. Nesse caso, saber, por exemplo, que Deus utilizou os tártaros para castigar os homens corruptos e os desertores das causas da fé cristã era uma forma de desvendar as vontades divinas e ao mesmo tempo relembrar os viciosos a serem corrigidos. A outra solução, mais ligada às formas de religiosidade surgidas então, apontava para a possibilidade do uso das experiências e conhecimentos trazidos nos relatos de viagens para auxiliar os frades na conversão de infiéis. Uma das principais características das novas ordens mendicantes era a ênfase atribuída à evangelização e às missões junto aos não cristãos. A aquisição de almas para Cristo era vista pelos frades como uma das vias mais eficazes para atingir a salvação, pois, garantindo a salvação do infiel, esses religiosos acreditavam estar garantindo a deles próprios. Como veremos adiante, o conhecimento do infiel e de seus costumes – principalmente daqueles que não partilhavam da língua, dos hábitos, dos ritos nem da religiosidade cristã, como eram os tártaros – se tornou paulatinamente um meio de auxiliar em sua conversão. Trataremos por ora dessas duas formas de justificativa, ou melhor, das "utilidades" atribuídas aos relatos e que, apesar de suas distinções, foram utilizadas coetânea e, muitas vezes, conjuntamente em um mesmo relato.

CRISTÃOS NAS TERRAS DO CÃ **71**

Como já indicado, uma das principais serventias das narrativas, segundo os viajantes, era sua capacidade de indicar, por meio dos acontecimentos mundanos, tanto em territórios cristãos como em não cristãos, a vontade e o julgamento divino. Deus, que guardava o conhecimento dos pecados e das virtudes de todos os povos do mundo, mantinha-se presente no decurso dos fatos terrenos, portanto, a história dos homens, como muitos estudiosos já apontaram, era a história da vontade divina.[25] Os relatos de viagem, buscando descrever a maior quantidade possível de informações sobre os povos do mundo, poderiam ser uma fonte preciosa para se entender as nuances da vontade divina. Foi, pois, partindo provavelmente dessa crença que o franciscano C. de Bridia, autor do *Tartar Relation*, indicou a todos a leitura de seu relatório. Segundo ele, "ouvindo" sua história, os leitores saberiam "como extrair conhecimentos úteis, dos assuntos mundanos, a respeito das maravilhas e dos julgamentos ocultos de Deus todo-poderoso" (*The Vinland Map...*, 1965, p.54).

A utilização desses supostos indícios terrestres fornecidos por Deus era também uma forma corrente de demonstrar a superioridade do Cristianismo, suas crenças e causas. Essa era uma prática frequentemente realizada na cristandade para a resolução de conflitos e litígios. Uma batalha ou um duelo – recurso das assembleias de justiça quando não se podia esperar nenhum resultado dos debates ou quando a causa era confusa – eram entendidos como indicativos da vontade divina. Seu desfecho era um ordálio, ou seja, um tipo de prova usado para determinar a culpa ou a inocência em uma disputa. A batalha era vista, assim, como um apelo ao juízo de Deus, forçando o céu a demonstrar de maneira inquestionável de que lado está a justiça (Duby, 1993, p.157). Esse tipo de concepção essencialmente moral sobre a manifestação do desejo divino nos conflitos na cristandade era também usado para explicar os choques entre cristãos e infiéis.

Com o crescente contato com não cristãos, desde as primeiras cruzadas (Dupront, 1987; Sénac, 1983), muitos questionamentos e dúvidas sobre as crenças cristãs foram levantadas por infiéis e heré-

---

25 Cf. Guenée, 1980; 1982; Breisach, 2007; Momigliano, 2004.

72 RAFAEL AFONSO GONÇALVES

ticos.[26] Na carta trazida por Carpine, por exemplo, escrita na corte tártara para responder às propostas do papa, o próprio Cã destacou o que teria sido um suposto favorecimento divino concedido a seu povo. De acordo com a correspondência tártara divulgada pelos viajantes, as conquistas tártaras teriam ocorrido porque "Deus ordenou" que os tártaros aniquilassem os outros povos. "De resto", continua o Cã,

> [...] se Deus não tivesse feito isso, que coisa teria podido fazer um homem a outro homem? Mas vós, homens do Ocidente, credes que só vós, cristãos, existis, e desprezais os outros. Como podeis saber a quem Deus concede a sua graça? Nós, porém, adorando a Deus, na força de Deus devastamos toda a terra do Oriente e do Ocidente. E, se essa força de Deus não existisse, que poderiam fazer os homens? (*Carta do Cã...*, 1961, p.104)

Mesmo entre cristãos, as frequentes vitórias tártaras eram explicadas pela cooperação divina, todavia, questionava-se a que planos divinos essas vitórias estavam servindo. De maneira geral, o grande sucesso das conquistas tártaras foi entendido como um instrumento divino utilizado para punir os viciosos e pecadores: essa parece ser uma ideia compartilhada pela grande maioria dos viajantes e que era justificativa corrente na época para explicar as diversas desgraças. Quando das primeiras notícias sobre os tártaros, João de Pian del Carpine afirmou ter escrito seu relato para "que, ao menos, conhecendo verdadeiramente a vontade e a intenção deles, pudéssemos mostrá-las aos cristãos", evitando "que, irrompendo de repente, os encontrassem despreparados, como sucedeu outra vez *em consequência dos pecados dos homens*, e causassem grande estrago ao povo cristão" (Carpine, 2005, p.157-8, destaque nosso).

Outro franciscano, o flamengo Guilherme de Rubruc, repetiu em seu relato a mesma crença de seu confrade. Segundo ele, a derrota dos vândalos para os tártaros devia-se à sua falta de fé, e isso se cumpriria "literalmente em todas as nações que não guardam a lei de Cristo". Deus tinha trazido os tártaros "das mais remotas regiões, povo nulo e

---

26 Sobre as heresias, cf. Duby, 1990; Falbel, 1999; Barros, 2007-2008.

CRISTÃOS NAS TERRAS DO CÃ 73

gente ignorante", para punir "os que não guardam a sua lei" (Rubruc, 2005, p.157-8). Esse tipo de enunciado não servia apenas para exortar os infiéis a aderirem à fé cristã, mas especialmente para estimular – visto que os relatos eram destinados principalmente a leitores cristãos – os homens da cristandade a não perpetuarem nenhum tipo de conflito, vício ou heresia, sob risco de uma punição dos céus. Para fomentar a união cristã, Jean de Pian del Carpine chegou a mencionar que, se os cristãos quisessem "salvar a si mesmos, a sua terra e a cristandade, [era] necessário que se un[issem] reis, príncipes, barões e administradores de terras" (Carpine, 2005, p.72).

A preocupação dos cristãos era de que o benefício divino concedido aos tártaros estimulasse uma excessiva presunção destes, levando-os a atacar, além dos povos pecadores, toda a cristandade. A carta do papa Inocêncio IV, entregue pelo grupo de Carpine ao Cã, já anunciava esse receio. O papa recomendava ao Cã que não se sentisse encorajado a continuar sua "crueldade belicosa", argumentando que foi Deus todo-poderoso que lhes deu "superioridade sobre outras nações" e lhes permitiu "estender a ponta de [suas] espadas a diversos povos" apenas para dar uma lição aos pecadores. Advertia, pois, que ele e os seus não se deixassem embeber pela soberba, pois poderiam ser eles próprios punidos, já que "o Eterno nunca se omite em corrigir nesse mundo os soberbos que se recusam a se humilhar" (*Carta do Cã...*, 1961, p.128).

Esse tipo de percepção da ação divina nas conquistas tártaras não era, porém, exclusividade dos frades franciscanos. O dominicano Riccoldo de Monte Croce, no início do século XIV, também defendia que os tártaros estavam servindo a um propósito de Deus. Suas preocupações com uma possível má interpretação disso, por parte dos tártaros, não se diferenciava da dos citados franciscanos. Riccoldo conta que "os tártaros dizem que são o povo de Deus", e "desejam provar por essa razão os numerosos milagres que marcaram sua chegada e as vitórias por eles obtidas" (Riccoldo, 1997, p.94). Essa crença era tão forte, segundo o dominicano, que eles não tinham "dúvidas de que alguns milagres foram produzidos em sua chegada" (ibidem, p.93). O viajante não recusa a suposta realização de uma tarefa pelos tártaros conveniada aos desejos sagrados, mas sim o fato de eles acreditarem ser o verdadeiro povo de Deus. Riccoldo utiliza um exemplo bíblico bastante conhecido para ilustrar sua opinião. Da mesma maneira que o rei babilônico Nabucodonosor não era um servidor de Deus quando prestou-lhe serviço na ocasião em que "humilhou e castigou os judeus", Deus só apelou "para um povo selvagem e sem Deus", como os tártaros, "para que os países e os homens que, no Oriente, tinham se tornado selvagens e abandonado a lei de Deus, fossem castigados e sua terra fosse transformada em um deserto" (ibidem, p.95).

Sem refletir precisamente se o Deus citado pelos tártaros era o mesmo Deus cristão, Riccoldo de Monte Croce procurou esclarecer a ligação – e principalmente seus limites – entre os tártaros e o poder divino. Como os outros viajantes citados, ele tentou explicar as grandes conquistas tártaras por meio da intervenção divina, sem, contudo, abalar a posição privilegiada da cristandade entre os escolhidos de Deus. Para tanto, ele apresentava os conhecimentos adquiridos sobre os tártaros em suas viagens para desvendar os planos e o pensamento de Deus. O próprio viajante destaca que, por isso, era "necessário uma breve narrativa daquilo que eles [os tártaros] fizeram e dos acontecimentos admiráveis que lhes ocorreram" (ibidem, p.95).

Encontrar uma correspondência entre os acontecimentos terrestres e os desejos divinos foi, sem dúvida, um dos potenciais atribuídos aos relatos de viagem. Tal serventia não era, contudo, a única conferida a essas narrativas, que aos poucos passaram a se descolar do antigo rótulo de "vã curiosidade". O auxílio na conversão dos infiéis era uma das mais evidentes e propaladas finalidades a que se destinava a escrita dos relatos de viagem. Esse novo uso dessas narrativas estava estritamente afinado com as formas de religiosidade que ganhavam terreno na cristandade, impulsionadas, principalmente, pelo surgimento das ordens mendicantes. Com os frades mendicantes, pela primeira vez a evangelização dos infiéis se tornava o fim principal de uma ordem religiosa (Marc-Bonnet, 1968, p.53). Antes de sua organização, no início do século XIII, havia duas formas principais de vida religiosa: a canônica e a monástica, ambas restritas ao cuidado das almas dos residentes de sua região paroquial. Nessa tarefa, somente um pequeno número entre seus adeptos se dedicavam ao doutrinamento direto dos

CRISTÃOS NAS TERRAS DO CÃ **75**

fiéis, a despeito da grande maioria dos religiosos, que permaneciam dentro dos muros dos monastérios em atividades contemplativas e em oração.

O apostolado universal se firmou somente com os mendicantes, sobretudo com as ordens dos Pregadores e dos Menores. Com o objetivo de salvar as almas, os religiosos mendicantes acreditavam que era necessário deixar seu convento para ir de cidade em cidade, de reino em reino, chegando até a tocar as extremidades do mundo (Vernet, 1933, p.10-2). As missões evangelizadoras foram, assim, um dos grandes pilares das ordens mendicantes, e acabaram por ocupar um lugar central em sua espiritualidade, bem como em sua trajetória, especialmente pelo fato de os fundadores das duas ordens, Domingos de Guzmão e Francisco de Assis, terem dedicado parte da vida a esse fim. Foi uma viagem, a propósito, que, como apontam seus biógrafos, originou o desejo de Domingos de fundar uma ordem religiosa voltada para a pregação. Em 1203 e 1205, ele foi duas vezes para a Dinamarca juntamente com seu bispo, Diogo de Acebes, para tratar do casamento do filho do rei Afonso VIII de Castela. Ao atravessar o centro da Europa para chegar ao país escandinavo, Domingos tomou conhecimento da existência de muitos pagãos nas fronteiras cristãs, das dificuldades pelas quais o clero dinamarquês passava na cristianização dos povos do Báltico, bem como da disseminação de cultos heréticos no seio da cristandade, em especial do catarismo[27] no Sul da França (Hinnebush, 1985, p.16-7). Após seu retorno, o santo aragonês se entregou primeiramente à pregação dos heréticos franceses, mas não abandonou seus planos de cristianização do Nordeste europeu, retomados após a aprovação de sua ordem. A ideia fundamental de Domingos era fundar uma ordem que comportasse o ministério Universal para difundir a fé cristã e suas regras morais pelo exemplo e pela palavra, com o objetivo de defender a Igreja contra os erros e os vícios. A evangelização dos pagãos fazia explicitamente parte desse programa, como fazia igualmente dos planos pessoais de Domingos (Vicaire; Vansteenkiste, 1956, p.197).

---

27 Sobre os cátaros ou albigenses, cf. Douais, 1879.

76 RAFAEL AFONSO GONÇALVES

Francisco, por sua vez, empreendeu por três vezes viagens para pregar aos infiéis, mas em apenas uma delas conseguiu se encontrar pessoalmente com um muçulmano. Na primeira, o *poverello* viajou à Síria para "pregar a fé cristã e a penitência aos sarracenos e infiéis", mas foi impedido pelo naufrágio de seu navio (Le Goff, 2001, p.81). Apenas após realizar alguns milagres, como contam seus biógrafos, Francisco teria conseguido retornar à Itália e livrar-se das ameaças de maus-tratos dos tripulantes do navio no qual embarcara clandestinamente. Em 1214, dois anos após sua viagem à Síria, tentou novamente pregar aos muçulmanos e partiu para o Marrocos com esperança de ser ouvido pelo sultão, mas uma doença o forçou mais uma vez a renunciar ao seu projeto. Somente em 1219, no Egito, onde acompanhava as tropas da 5ª cruzada, Francisco conseguiu falar diretamente com o sultão, Malik al-Kamil. Apesar da admiração demonstrada pelo chefe muçulmano e do bom tratamento com que foi recebido, como também relatam seus biógrafos,[28] o "pequeno de Assis" não foi capaz de fazer o sultão negar o islamismo.[29] O fracasso de Francisco, entretanto, não impediu que suas viagens de evangelização fossem reverenciadas tanto pelos frades franciscanos quanto pelos dominicanos, reverência perceptível nas cartas do frade da Ordem dos Pregadores, Riccoldo de Monte Croce, sobre as perdas cristãs na Terra Santa, no final do século XIII, nas quais recorda as viagens de Francisco junto aos muçulmanos (Riccoldo, 1997, p.229).

A vida dos aclamados santos servia como grande modelo de conduta dos frades, isto é, como verdadeiros parâmetros sobre como um religioso poderia levar uma vida virtuosa e garantir a salvação. As viagens aos territórios dos infiéis adquiriram, para ambas as ordens, caráter fundamental para que os frades seguissem os mesmos passos dados pelos renomados fundadores de suas ordens, além, é claro, de contribuírem para a expansão da cristandade. Como afirma o dominicano Humberto de Romans em seu já mencionado *Tratado sobre a pregação*, os pregadores teriam "uma dupla recompensa, por terem

---

28 Cf. *Fontes Franciscanas*, 2004.

29 John Tolan publicou recentemente uma obra dedicada exclusivamente ao encontro entre o Franciscano e o Sultão. Cf. Tolan, 2009.

CRISTÃOS NAS TERRAS DO CÃ **77**

trabalhado duplamente na salvação deles mesmos e também na condução de outros em direção a Cristo" (Humbert, 1951, p.16). Segundo ele, para uma viagem ser "digna de louvor", ela deveria preencher sete requisitos, sendo o primeiro, e mais importante, "a habilidade dos viajantes pregarem". Além disso, os viajantes, para Humberto, deveriam ter a intenção de fazer um bem espiritual; ser obedientes aos seus superiores; ser vigilantes com seus pecados; preocupar-se com o bem a ser feito; ter moderação nas distâncias; e, por fim, devotar-se à reza durante a viagem (ibidem, p.91-2).

Motivados pela conversão dos infiéis, os relatos de viagem adquiriram um papel importante como fonte de conhecimento sobre os costumes, as línguas e as religiões do além-mar. Essas informações foram vistas por muitos missionários como imprescindíveis para a maior eficácia das missões em países estrangeiros. Se hoje nos parece óbvio que, para convencer alguém a abraçar o cristianismo, é necessário minimamente estabelecer certo nível de comunicação, adquirindo conhecimentos sobre seu lugar de origem, hábitos, língua e religiosidade, para os religiosos cristãos dos séculos XII e início do XIII, isso não pareceu tão natural, especialmente porque, para eles, incluindo aí os primeiros franciscanos, o martírio era a forma mais eficaz de conversão.[30] Na verdade, o martírio produziria santos, que intervinham, por meio de milagres, para provar a superioridade da fé cristã a seus assassinos. Estimulados pelo exemplo dos primeiros apóstolos de Cristo, que teriam dado a própria vida para difundir a "boa nova", o martírio foi a principal forma de conversão de não cristãos, além do fim mais glorioso que um missionário poderia esperar (Tolan, 2003, p.291). Tomás de Celano, um dos mais importantes biógrafos de Francisco, relata a própria viagem do santo de Assis e seu encontro com o sultão como uma grande busca para alcançar o desejado martírio (Tolan, 2009, p.54-72).

---

30 James Ryan procurou encontrar, ainda no século XIV, o desejo de martírio como um dos principais motivadores das viagens missionárias ao império tártaro. Mas sua análise acaba por se fundamentar quase que exclusivamente em uma única passagem do franciscano Pascal de Vitória, que, a nosso ver, procura reafirmar mais o valor penitencial da viagem – com suas dificuldades e frustrações – do que uma busca pelo martírio. Cf. Ryan, 2003, p.19-38.

78 RAFAEL AFONSO GONÇALVES

A ação não contribuiria apenas para a salvação daquele que a sofria, mas também para aqueles que a testemunhavam. Foi a notícia da morte dos mesmos cinco frades no Marrocos que levou o conhecido Antônio de Pádua a entrar para a ordem franciscana. Acreditava-se que o martírio, bem como os milagres posteriores atribuídos ao morto, poderia provar a veracidade religiosa da mensagem de fé anunciada pelos frades, levando infiéis e heréticos a reconhecer a supremacia da doutrina cristã latina. Segundo algumas crônicas franciscanas, em 1228, o então chefe muçulmano de Valência, Abu Zayd, teria se convertido ao Cristianismo devido ao poder miraculoso de dois franciscanos que mandara executar em suas terras sob a acusação de blasfêmia (Lanciani; Tavani, 1993, p.388-9). Para alguns religiosos, e mais especificamente para os franciscanos dos primeiros decênios do século XIII, a conversão de não cristãos era uma decorrência da comprovação visível da superioridade da fé dos latinos, atestada pelos milagres operados pelos mártires (Tolan, 2003, p.292).

Apenas a partir do século XIII, com o desenvolvimento da prática da prédica, como também com a intensificação de alguns problemas teológicos atrelados ao martírio, a conversão dos infiéis passou a ser concebida como o resultado de uma argumentação lógica dos dogmas cristãos feita pelos pregadores. A formação intelectual dos pregadores passou então a ser considerada mais proveitosa do que o martírio para estimular o batismo dos infiéis. Jordan Catala de Sévérac, um dominicano que partiu para as partes orientais no início do século XIV, parece sugerir até que sua morte seria um impedimento para a conversão de algumas almas. Após mencionar algumas regiões onde os frades poderiam obter uma "grande colheita", o dominicano faz uma súplica a Deus para que Ele não o deixasse morrer antes de ele se tornar "um peregrino pela fé nessas regiões", e ele acrescenta que esse era o desejo de todo seu coração (Friar Jordanus, 2005, p.75).

Essa nova forma de pensar o contato com os infiéis cumpria um papel importante nos debates e disputas teológicas, nos quais apontar as contradições nas doutrinas rivais era uma forma de abrir espaço para exaltar a coerência cristã. Os debates não almejavam, contudo, provar a Verdade cristã, pois, de acordo com a elaboração

CRISTÃOS NAS TERRAS DO CÃ 79

doutrinal do século XIII, a comprovação racional do cristianismo era impossível. A fé, segundo os principais teólogos do período, era o elemento imprescindível e o caminho por excelência para que alguém pudesse experimentar a Verdade divina. Tomás de Aquino[31] destacou a dificuldade de tratar de assuntos que dependem da fé nas disputas com os não cristãos. Aquino afirmou que, "nas disputas contra os infiéis e nos assuntos referentes aos artigos da fé, não se deve procurar provar a fé", isso porque "seria contra a sublimidade da fé, cuja verdade decorre não somente dos espíritos dos homens, mas também daqueles dos anjos". Para o pensador dominicano, a crença nos fundamentos dos "artigos da fé" deveria ocorrer "por eles terem nos sido revelados por Deus" (Aquino, 1990, p.20), e não por serem o produto de uma operação intelectual. O que não significava que a racionalidade não poderia ser utilizada para auxiliar o fiel a desvendar os mistérios divinos.

Para o missionário, a razão também não era inútil, já que ele poderia se servir dela para provar a "falsidade" das religiões rivais, como também para defender o Cristianismo de argumentos a favor de desvios ou negações de sua doutrina (Tolan, 2003, p.322-6). Mesmo que a fé tenha sido considerada fundamental para a crença na veracidade de sua doutrina, os argumentos racionais poderiam auxiliar o pregador a sustentar a fé cristã a partir da negação das outras doutrinas: se a razão não poderia provar a Verdade cristã, ela poderia provar a falsidade de seus rivais. O uso da argumentação "na negativa" é aconselhado por Tomás de Aquino, pois, segundo ele:

> A intenção do cristão que pratica a disputa sobre os artigos da fé não deve visar provar a fé, mas defender a fé. É por isso que São Pedro não disse "sempre prontos para provar", mas "para dar satisfação", dito de outra forma: para mostrar de maneira razoável que isso que a fé católica confessa não é falso. (Aquino, 1990, p.20-1)

---

31 Dentre várias obras que ressaltam a importância de Tomás de Aquino, cf. Chenu, [s.d.]; Gauthier, 1993.

80 RAFAEL AFONSO GONÇALVES

Os frades que rumavam para as terras orientais eram movidos por esse ímpeto debatedor, que procurava evangelizar os infiéis por meio de polêmicas e discussões teológicas. Pascal de Vitória, um franciscano que viajou ao continente asiático na primeira metade do século XIV, foi desses polemistas que fomentou os debates públicos com infiéis. Em sua carta datada de 1338, esse missionário espanhol afirma que, quando estava viajando pela região central do continente asiático, pôde pregar aos sarracenos que conquistaram aquelas terras. Pascal de Vitória conta-nos que, "guiado pela inspiração do Espírito Santo", ele debateu com os infiéis "diante da mesquita sobre teologia, e discutiu acerca do seu falso Alcorão e sua doutrina, por vinte e cinco dias", obtendo "a vitória em todos os pontos" (Pascal, 2005, p.87). O dominicano Riccoldo de Monte Croce também mencionou alguns debates de que participou. Profundo conhecedor das religiões orientais, tanto as cristãs quanto a islâmica e as pagãs, Monte Croce procurava pregar em todo lugar por onde passava, principalmente em ambientes públicos, lugares em que se acumulava uma grande plateia. Em sua *Peregrinatio*, ele chega a mencionar algumas "controvérsias públicas" das quais participava na tentativa de converter não apenas seu adversário, mas também os ouvintes, que geralmente eram numerosos (Riccoldo, 1997, p.123).

O problema era que, para conseguir "provar" a falsidade das religiões infiéis, o religioso deveria acumular um conjunto de conhecimentos sobre as crenças e ritos por elas professados. Nesse sentido, a pregação teria mais chances de ser bem-sucedida se os missionários possuíssem tais conhecimentos, o que acabou por delimitar um certo número de informações consideradas necessárias para os viajantes que desejassem ir para as terras orientais. Esse corpo de informações, ao que nos parece, contribuiu na modelagem do que deveria ser conhecido daquelas terras e, em última instância, do que os homens poderiam saber sobre os povos do mundo. Tais informações selecionaram também o que deveria compor o relato de viagens, direcionando o olhar dos europeus na terra dos Cãs para aquilo que poderia ser mais proveitoso para a tarefa missionária. Além disso, a importância de adquirir tais conhecimentos era um critério para a

CRISTÃOS NAS TERRAS DO CÃ **81**

seleção dos homens que viajaram para lá, pois deveriam seguir apenas os mais aptos para tal empreendimento. Procuraremos, então, para finalizar este capítulo, elencar o perfil dos homens que deveriam viajar, ou melhor, como deveriam estar preparados aqueles cuja missão era converter infiéis em terras distantes e que tipos de conhecimento eram julgados como imprescindíveis para a realização da viagem e, em especial, para a conversão dos infiéis.

Conhecer para converter

Em um tratado sobre os diversos povos encontrados nas terras orientais, conhecido como *Libellus ad nationes orientales*, Riccoldo de Monte Croce enumerou cinco regras gerais "de grande necessidade aos frades enviados às nações estrangeiras". A primeira delas prescreve que "os frades devem eles mesmos aprender as línguas [estrangeiras]", pois, segundo ele, "é absolutamente inapropriado pregar ou debater a fé com estrangeiros por intermédio de um intérprete". Isso porque, mesmo quando o intérprete conhecia bem a língua, ele geralmente conhecia mais as palavras relacionadas ao comércio, ignorando os termos relacionados aos "assuntos da fé e não conhecendo as palavras necessárias para exprimir os artigos essenciais da fé" (apud Dondaine, 1967, p.457).

A primeira regra do tratado escrito pelo dominicano menciona aquele que parece ser um primeiro passo – por isso mesmo muito valorizado – para o conhecimento dos orientais pelos viajantes: o conhecimento das línguas. Para um missionário que acreditava que a conquista da alma do infiel se operava principalmente pela exposição de argumentos lógicos e pelo doutrinamento da profissão da fé cristã, a comunicação em língua nativa se tornou uma das preocupações centrais. Essa preocupação dos viajantes, no entanto, foi se intensificando ao longo do tempo, na medida em que as novas ordens religiosas – sobretudo franciscanos e dominicanos – se desenvolviam e, principalmente, pelos problemas ocorridos em sua expansão. Os primeiros frades, ansiosos por cumprir o apostolado

82 RAFAEL AFONSO GONÇALVES

universal tão valorizado por seus fundadores, passaram por muitos obstáculos até finalmente se empenharem no aprendizado das línguas estrangeiras. A crônica de Jordão de Jano,[32] escrita provavelmente em 1262, próximo da morte de seu autor, relata algumas desventuras missionárias dos franciscanos atribuídas à ignorância dos primeiros frades menores nas línguas estrangeiras. Jordão de Jano foi um dos frades pertencentes às primeiras gerações dos franciscanos, ou seja, de homens mais próximos de Francisco, e por isso resolveu pôr em escrito a história da ordem, cobrindo de 1209 até o ano de sua escrita (*Crônica...*, 2008, p.8). Ele descreveu, assim, os primeiros contatos entre os frades franciscanos italianos e estrangeiros considerando os problemas que esses primeiros irmãos tinham enfrentado. De acordo com ele, desde sua chegada à Alemanha, para onde foram enviados "cerca de sessenta frades ou talvez mais", houve intempéries. Com uma grande destreza narrativa, que justifica a transcrição mais extensa a seguir, João de Jano conta que

> [...] estes, entrando nos povoados da Alemanha e não conhecendo a língua, interrogados se queriam hospedagem, comida ou outras coisas semelhantes, responderam "iá". E assim, eram bem recebidos por alguns. Vendo que com esta palavra "iá" eram tratados humanamente, decidiram que deveriam responder "iá" a qualquer pergunta que lhes fizessem.
>
> Aconteceu então que, sendo interrogados se eram hereges e se vieram para arruinar a Alemanha, como já haviam pervertido também a Lombardia, responderam de novo "iá". Alguns, então, foram açoitados, outros encarcerados, outros desnudados. Assim despidos, foram levados ao pelourinho e feitos causa de brincadeiras e de espetáculos para todos. Vendo que na Alemanha não conseguiam frutificar, voltaram para a Itália. Por isso, a Alemanha era considerada tão desumana que não ousavam mais voltar para lá a não ser quando inspirados pelo desejo do martírio. (Jordão, 2004, p.1261)

---

32 Ou Jordão de Giano.

CRISTÃOS NAS TERRAS DO CÃ **83**

O mesmo tipo de problema teria ocorrido com a chegada dos primeiros frades na Hungria, problema que, de tão trágico, chega a ser cômico.

Quando iam penetrando pelos campos, os pastores acossavam os cachorros atrás deles e, sem dizer nada, mas sem parar, golpeavam-nos com as lanças, embora com o lado não pontudo. Como os frades interrogassem entre si qual seria a causa de tão maus-tratos, disse um: "talvez seja porque queiram as túnicas que usamos por cima". Mas, tendo-as dado, nem por isso deixaram de lhes bater. Então acrescentou: "Talvez queiram também as túnicas que usamos por baixo". Deram-lhes também estas e nem assim, deixaram de lhes bater. Disse então "talvez queiram também as bragas". Tendo-lhes dado estas, então, pararam de golpeá-los e deixaram-nos partir despidos.

Um daqueles frades, disse-me depois que por umas quinze vezes havia despido e vestido suas bragas. Mas, vencido pelo pudor e pela vergonha, tinha mais pena das bragas do que das outras peças. Por isso ele sujou as bragas com esterco de boi e com outras imundices para que aqueles pastores, ficando com nojo, lhe deixassem as bragas. Depois de terem sofrido estas e outras ofensas, voltaram para a Itália. (ibidem, 2004, p.1261-2)

A ordem franciscana, segundo Jordão, só teria conseguido se fixar na Alemanha anos mais tarde, quando foi designado um grupo formado por ninguém menos que nosso viajante João de Pian del Carpine, "que sabia pregar em latim e em lombardo", além "do alemão Barnabé, célebre pregador em alemão e em lombardo, Tomás de Celano, que mais tarde escreveu a *Primeira* e a *Segunda vida* sobre São Francisco" (ibidem, p.1269), e outros religiosos conhecedores de várias línguas para pregar naquele lugar.

Os problemas com as línguas estrangeiras também foram encontrados pelos primeiros que adentraram o território tártaro. Nesses lugares mais distantes da Europa, os viajantes depararam com línguas totalmente desconhecidas, o que dificultou ainda mais o contato com os autóctones. A narrativa de viagem de Guilherme de Rubruc inclui incontáveis reclamações do seu intérprete e menções a conflitos que o franciscano teve com aquele, sem o qual não conseguia estabelecer comunicação com os tártaros. O viajante flamengo conta que, "quando queria dizer-lhes alguma palavra edificante, o [...] intérprete dizia: 'Não me faças pregar, pois não sei dizer tais palavras'". Segundo Rubruc, "ele falava a verdade, porque, mais tarde, ao começar a entender um pouco o seu idioma", ele notou que, quando "dizia uma coisa, ele dizia outra totalmente diversa, segundo lhe ocorria na hora", de modo que, "percebendo o perigo de falar através dele", preferiu se calar (Rubruc, 2005, p.139). Seus infortúnios com o intérprete ficaram ainda piores na corte do Cã. No encontro com o chefe mongol, foi oferecida aos presentes uma bebida alcoólica feita de arroz, "clara e saborosa como vinho branco", e, para seu azar, o "intérprete estava perto dos copeiros, que lhe deram muita bebida, e logo ficou bêbado". Com seu intérprete embriagado, o encontro com o Cã, digamos assim, não foi um grande sucesso. Rubruc diz que "até certo ponto" pôde entender o que o interprete dizia, mas, a partir de certo momento, ele não conseguiu compreender "nenhuma frase completa", porque "ele estava bêbado" (ibidem, p.179-80).

A despeito desses problemas, Rubruc chega a mencionar que, se "tivesse um bom intérprete, teria tido a oportunidade de semear muita coisa boa" (ibidem, p.159). Para uma região ainda tão pouco conhecida, ele não chegou nem a cogitar a possibilidade de um viajante conhecer a língua de seu país de destino. Ao contrário da recomendação feita por Monte Croce, anos mais tarde, de que os viajantes deveriam aprender eles próprios as línguas estrangeiras, Rubruc aconselhara os futuros viajantes apenas a levarem "um bom intérprete, e até vários intérpretes" (ibidem, p.179). Diferentes soluções, pois, para um mesmo problema, que continuará a inquietar também os viajantes posteriores.

Ao problema da "ignorância das línguas" se juntava ainda o apego à terra de origem, segundo o dominicano Humberto de Romano, eleito mestre geral da sua ordem em 1254. Nota ele, em um de seus tratados, que havia esses dois impedimentos "para a partida dos homens em missão" (Humberto, apud Hinnebush, 1985, p.68). Para resolver o problema, foram aventadas, de maneira geral, duas alternativas possíveis (Gadrat, 2005, p.30). Uma delas era trazer pessoas oriundas de países estrangeiros para formá-las em Teologia, para que, em seguida, elas retornassem a sua terra natal para pregar a fé cristã a seus conterrâ-

CRISTÃOS NAS TERRAS DO CÃ **85**

neos. Essa solução foi fomentada pelo papa Inocêncio IV, que chegou a criar uma espécie de "bolsa de estudos" para estrangeiros aprenderem Teologia na Universidade de Paris (Richard, 1976). A outra alternativa, ao que tudo indica mais recorrente no período, foi o ensino das línguas orientais em centros de estudos na Europa. O aprendizado das línguas partiu em um primeiro momento de iniciativas particulares, mas, aos poucos, foi ganhando certo respaldo institucional. As ordens mendicantes foram as principais responsáveis pelo surgimento desses primeiros núcleos de ensino das línguas estrangeiras, destinados especialmente aos missionários em formação. Na ordem dominicana, desde o mandato de Jordão da Saxônia, segundo mestre geral dos pregadores, o estudo das línguas não ocidentais já era realizado nos países limítrofes da cristandade (Vicaire; Vansteenkiste, 1956, p.201-4). Tais estudos se expandiram sob o comando de Raimundo de Penaforte (1238-1240), que criou escolas específicas para o ensino das línguas (Hinnebush, 1985, p.69-70), e com Humberto de Romano (1254-1263), quando começou a estudar as línguas nos *studia*, isto é, em centros de estudo localizados em alguns conventos dominicanos espalhados pela Europa. Dentre os grandes conhecedores das línguas orientais destaca-se o dominicano Raymond Martin, considerado um verdadeiro orientalista do medievo (Berthier, 1936).

Não foram apenas os dominicanos que se empenharam no aprendizado das línguas estrangeiras, os franciscanos também estimularam seu conhecimento para a eficácia da pregação. O mencionado teólogo Roger Bacon, em seu *De utilitate grammaticae*, enfatizava a utilidade do conhecimento das línguas estrangeiras para converter os infiéis mais facilmente (Schmieder, 2000, p.275). O maior projeto franciscano de ensino de línguas, entretanto, foi reservado ao espanhol de Maiorca, Raimundo Lúlio. Desde que vestiu o hábito franciscano, Lúlio direcionou grande parte de seus esforços religiosos à salvação da alma dos infiéis, principalmente dos muçulmanos, que ainda rodeavam os territórios dos reinos espanhóis. Para isso, o maiorquino chegou a desenvolver um método, segundo ele, infalível para a conversão, intitulado a *Grande Arte*. Junto com o ensino do método, Lúlio considerou indispensável aos missionários o conhecimento das línguas estrangeiras. Assim, recomendava a criação de centros de estudos não somente na Europa, mas também na Hungria, na Armênia, em Caffa e em outros territórios de missão. No final do século XIII, Lúlio enviou um pedido diretamente para o então papa, Celestino V, em que solicitava a criação dos mencionados centros. Na correspondência, o franciscano dizia que eram necessários "homens santos, tanto religiosos quanto seculares, que desejam sofrer a morte para honrar Deus nosso Senhor e que sejam esclarecidos por nossa santa doutrina, aprendam as línguas mais diversas para ir pregar o Evangelho pelo mundo inteiro". Para isso, ainda segundo Lúlio, deviam-se "ensinar todas as línguas do mundo, organizando escolas tanto junto aos cristãos quanto aos tártaros; e o senhor Cardeal teria a direção dessas escolas até que o mundo todo se tornasse cristão" (Lúlio, 1983, p.133). Celestino V não atendeu ao pedido de Lúlio, que conseguiu a fundação de seis escolas de línguas orientais na Europa apenas em 1311, autorizado pelo concílio de Viena (Bréhier, 1907, p.271).

As propostas franciscanas e dominicanas para o ensino das línguas estrangeiras ressaltaram o interesse por esse conhecimento que o período testemunhou, marcando grande parte dos viajantes europeus nas terras orientais. Frei João de Montecorvino, que partiu para a Ásia em 1291, foi um dos viajantes declaradamente conhecedores das línguas orientais. Em suas cartas, enviadas durante o período que permaneceu nas terras do Grande Cã de Catai, o franciscano mencionou o papel das línguas na conversão daquele povo. Como consta em sua segunda carta enviada a seus confrades, ele tinha aprendido "competentemente a língua e a escrita tártara, que é a língua usual dos tártaros," e passou a traduzir para "aquela língua e escrita todo o Novo Testamento e o Saltério". Mas, suas expectativas eram ainda mais ambiciosas. Montecorvino mencionou também, na correspondência, que pretendia "traduzir todo o ofício latino, para que fosse cantado em todo o território sob seu domínio" (Montecorvino, 2005, p.261).

Outros viajantes também defenderam o conhecimento das línguas dos países de missão antes mesmo da partida. Pascal de Vitória, visitante das terras orientais em meados do século XIV, conta que "estava suficientemente disposto" a adentrar ao interior do continente asiático, po-

CRISTÃOS NAS TERRAS DO CÃ **87**

rém, "depois de receber conselhos sobre o assunto", decidiu "aprender a língua do país primeiro". Depois de algum tempo de estudo, "e pela ajuda de Deus", Pascal de Vitória disse ter aprendido "a língua e a escrita comumente utilizada em todos os reinos ou impérios dos Tártaros, Persas, Caldeus, Medos, e de Catai" (Pascal, 2005, p.82-3). O próprio viajante veneziano Marco Polo era admirado pelo grande conhecimento sobre as línguas orientais acumulados durante os anos em que viveu na corte tártara. Em seu famoso *Livro das maravilhas*, é mencionado que Marco, "em pouco tempo", aprendeu "os costumes dos tártaros e adquiriu grande fluência em quatro idiomas diferentes que chegou a ler e a escrever" (*O livro...*, 2000, p.29). Além dos centros de estudos, algumas obras produzidas no período poderiam auxiliar os missionários na comunicação na passagem pelas diferentes regiões percorridas. O conhecido *Codex cumanicus*, escrito na primeira metade do século XIV, foi, ao que tudo indica, uma obra bastante utilizada pelos viajantes. O *Codex* era um verdadeiro manual de tradução para uso de missionários e mercadores, contendo a correspondência de termos e expressões entre as línguas latina, persa e tártara (*Codex...*, 1880; Jackson, 2005, p.265).

Além das línguas, outros conhecimentos sobre as sociedades orientais tornaram-se imprescindíveis e, sobretudo, moralmente recomendáveis àqueles que se lançavam nos percalços da aquisição de almas para o Cristianismo. Também expresso como um dos saberes admiravelmente adquiridos por Marco Polo, o conhecimento sobre os costumes daqueles povos se tornou, no discurso construído nos relatos, alvo do interesse da maioria dos europeus que por lá passaram. Gestos, crenças, rituais, festas, formas de se vestir, de residir e de se alimentar e outros hábitos eram meticulosamente observados pelo olhar atento dos viajantes. Sobre o modo como os tártaros se comportavam em suas refeições, por exemplo, o frade João de Pian del Carpine (2005, p.42) conta que eles "não usam toalhas nem guardanapos", e por isso "sujam muito as mãos com a gordura das carnes e, quando comem, limpam as mãos em suas polainas, na grama ou coisa semelhante". Já familiarizado com as diversas normas de conduta à mesa, comuns em suas terras da Europa medieval (Laurioux, 2009), o franciscano reparou que apenas as "pessoas de maior consideração, quando comem carnes, costumam ter uns pequenos panos com os quais limpam as mãos no fim". Ele não deixou de observar, contudo, que os tártaros "não lavam as tigelas; e, se às vezes as limpam com o molho das carnes, jogam novamente o molho na panela com as carnes" (Carpine, 2005, p.42-3).

A descrição da aparência e das formas de adereços e adornos era igualmente recorrente. Muitas vezes, impressionados com as peculiaridades da aparência dos orientais, os viajantes acabavam por dedicar diversas linhas aos modos de vestir e de ataviamento. O franciscano Guilherme de Rubruc, a propósito, ficou intrigado com o tipo de corte de cabelo usado por alguns tártaros, e passou a descrevê-lo detalhadamente. Segundo ele, "os homens raspam um quadrilátero no alto da cabeça e, a partir dos ângulos anteriores, conduzem a raspadura pelos lados da cabeça até as têmporas", raspando também "as têmporas e o pescoço até o alto da concavidade da nuca e a testa anterior até a pequena testa (!), e sobre ela deixam um pouco de cabelos, que descem até as sobrancelhas." E ainda não é tudo: "nos ângulos occipitais", ele continua, "deixam cabelos com os quais fazem tranças, que unem por nós até as orelhas" (Rubruc, 2005, p.128).

Suas vestes não são menos observadas, principalmente aquelas dos grandes nobres e soberanos. Jean de Mandeville diz que, em uma das festas tártaras, viu milhares de barões da corte do Cã "vestidos magnífica e perfeitamente com trajes de tecido de ouro, [...] magnificamente lavrados e recamados de pedras preciosas e grossas pérolas". Mandeville ficou tão surpreso com as roupas dos orientais que disse acreditar que as vestimentas tártaras eram "tão magnífica e ricamente mescladas com ouro, pedras preciosas e pérolas que, se alguém de [seu] país tivesse um só desses trajes, bem poderia dizer que jamais seria pobre" (*Viagens...*, 2007, p.203-4).

Dentre os diversos hábitos daqueles que os recebiam, muitos viajantes destacaram os ritos e as cerimônias. As cerimônias fúnebres parecem ter chamado a atenção desses homens pela própria importância atribuída pelo cristianismo àquilo que se refere à morte.[33]

---

33 Sobre a relação da morte e o cristianismo na Idade Média, cf. Ariès, 1989; Braet; Verbeke, 1996; Schmitt, 1999; Gadrat, 2005, p.219.

CRISTÃOS NAS TERRAS DO CÃ **89**

Odorico de Pordenone conta que, na província tártara de Tibot,[34] os filhos honravam seu falecido pai com uma grande cerimônia, onde era "preparado um grande prato, sobre o qual os sacerdotes lhe cortarão a cabeça [do corpo do pai], que, depois, darão ao seu filho". A seguir, continua o viajante, "os sacerdotes cortam o seu corpo em pedaços", oferecidos às "águias e aos abutres dos montes, e cada um pega e leva um pedaço", aves que, para eles, eram "os anjos de Deus" que levavam o ente querido "ao paraíso". Sentindo-se "muito honrado" com a partida do corpo de seu pai, "imediatamente o filho toma a cabeça, cozinha-a e a come" (Pordenone, 2005, p.330-1).

Todos esses aspectos dos hábitos e costumes tártaros, todavia, não são descritos – como apontamos no decorrer de nossa reflexão – de forma aleatória, ou seja, sem uma finalidade específica, relacionada com as formas de efetivação dos preceitos cristãos. Sem essas finalidades legitimadoras, como acreditamos, essas descrições poderiam ter sido facilmente caracterizadas como curiosidades e, portanto, desprezadas pelos homens do medievo. Todavia, esses enunciados eram organizados visando uma finalidade ou certas finalidades específicas e legítimas no tempo em que foram escritas. Uma grande parte dos viajantes chegou a anunciar essas finalidades, justificando as descrições contidas no relato.

Odorico de Pordenone (2005, p.283) começa sua narrativa dizendo que há por escrito "muitas e variadas coisas sobre os costumes e as condições deste mundo", mas que era, contudo, preciso saber que ele poderia contar coisas verdadeiramente "grandes e maravilhosas" que viu, justamente porque fez sua viagem "até as regiões dos infiéis para lucrar alguns frutos de almas". Outro frade, o dominicano Riccoldo de Monte Croce, declarou também, logo no início de sua *Peregrinação*, que as descrições sobre "os reinos, os povos, as províncias, as leis, os ritos, as seitas, as heresias e os monstros" em seu relato eram destinadas para que os "frades que desejarem, por Cristo, empreender a tarefa de espalhar a fé saibam do que eles têm necessidade, e onde e de qual maneira eles podem ter melhor êxito" (Riccoldo, 1997, p.37. Para uma boa parte desses viajantes, o relato serviria como um manual pe-

---

34 Diferentes estudiosos afirmam que o termo corresponderia ao Tibet.

dagógico para outros missionários, no qual poderiam ser encontrados exemplos de conduta e informações para maior eficácia da pregação.

Por isso, em meio a todos os costumes e hábitos observados, a religião foi um dos objetos privilegiados pelo olhar desses viajantes. Isso se deveu, como já mencionamos, ao fato de que, cada vez mais, se passou a acreditar que, conhecendo melhor o infiel, mais facilmente eles seriam convertidos. É problemático falar em uma "teoria missionária" para os séculos XIII e XIV, principalmente por não haver no período uma uniformidade nas formas de levar os infiéis a abraçarem o Cristianismo, ou mesmo em um método suficientemente difundido e preciso para enquadrar as diversas experiências missionárias ocorridas (Jackson, 2005, p.261-8). É possível identificar, todavia, um movimento de valorização do conhecimento das religiões orientais como um instrumento no processo de conversão e evangelização dos infiéis. As primeiras expressões desse movimento podem ser encontradas já no século XII, especialmente a partir do contato entre cristãos e muçulmanos na Palestina, na Sicília e, especialmente, na Espanha, onde o interesse pelo islamismo pode ser percebido pelas traduções de obras importantes para a religião muçulmana. Nesses lugares, alguns cristãos que viveram sob domínio do Islã passaram a compreender muito bem a língua de origem semita (ibidem, p.109-13), criando condições propícias para que os primeiros trabalhos de tradução das obras de língua árabe para o latim fossem realizados. Foram traduzidos numerosos livros de Ciências, de Moral e de Religião, que alcançaram sucesso até em algumas universidades na cristandade. Dentre eles se destaca De anima, de Avicena, e, no fim daquele século, a tradução de um dos maiores comentaristas de Aristóteles, o andaluz Averróis, cuja influência se propagou em múltiplas direções durante toda a Idade Média (Gilson, 2006, p.441).

Também no século XII, os clérigos da ordem de Cluny já procuravam aprofundar seus conhecimentos da religião muçulmana, tendo isso como um fator importante para levar os muçulmanos a aderir ao Cristianismo. O importante abade cluniacense Pedro, o Venerável, por exemplo, conduziu uma verdadeira mobilização para acumular argumentos contrários ao Islã. O abade advertia que, "não conhecer seu adversário, significa não saber e nem poder se defender", sendo necessária a disposição de um "arsenal de gabinete cristão" (Pedro, 1998, p.337-42). Em uma carta enviada aos sarracenos, Pedro, o Venerável, apontou, destacando ainda a anormalidade daquela prática, para a necessidade de a cristandade atacar os seguidores do Islã, não pelas armas, mas por meio do uso do conhecimento e da razão.

> Pode vos parecer estranho que um homem originário de uma região distante, falando uma outra língua diferente da vossa, separado de vós por sua vocação, estranho a vossa vida e a vossos costumes, um tal homem vos fala, dos confins do Ocidente, à [sic] vós, habitantes das regiões do Midi e do Oriente, e que vos ataca pela palavra, vós que ele nunca viu e que talvez jamais veja. Eu vos ataco, digo, não como os nossos geralmente o fazem, por armas, mas pela palavra, não pela violência, mas pela razão, não pelo ódio, mas pelo amor, desse amor que deve reinar mesmo entre aqueles que adoram o Cristo e aqueles que o rejeitam. (idem, 1983, p.111)

O acúmulo de informações obtidas pelos cristãos do século XII, entretanto, não resultou em uma expansão de notícias para além do restrito meio dos monges da ordem cluniacense. Apenas uma ínfima parte dos ocidentais se aproximou do Islã por vias menos hostis, e mesmo uma parte pequena dos monges da ordem de Cluny (Iogna-Prat, 1998, p.336) se interessou por um conhecimento mais profundo da religião islâmica. Aqueles poucos que o fizeram, ao que parece, não atingiram satisfatoriamente seus objetivos de conversão (Sénac, 1983, p.113).

Esse interesse é retomado no século XIII, principalmente com o surgimento das ordens mendicantes que, paulatinamente, passam a ver nas informações sobre as diversas religiões existentes uma via para a conversão. Tal concepção não foi afirmada imediatamente aos primeiros contatos com as religiões asiáticas, mesmo porque as informações sobre elas eram ainda lacunares e escassas. O próprio Tomás de Aquino, em sua obra especialmente dedicada àqueles que desejavam "impugnar o erro contrário" à fé católica, a *Suma contra os gentios*, mencionou a dificuldade em "tratar de cada um dos erros". De acordo com o teólogo, a primeira grande dificuldade encontrada pelos missionários era a falta de conhecimentos sobre as outras religiões, "porque não são bastante conhecidas as palavras sacrílegas de cada um dos que erram, para que delas possamos tirar argumentos e destruir-lhe os erros." Por essa carência de informações, Tomás de Aquino recomendava aos religiosos "recorrer à razão natural, com a qual todos são obrigados a concordar" (Aquino, 1990, p.20-1).

Outros pregadores, todavia, não se conformaram com a ausência de informações sobre as religiões que deveriam ser combatidas. O confrade de Tomás da Ordem dos Pregadores, Riccoldo de Monte Croce, afirmou em seu relato que chegou a frequentar uma universidade islâmica para "destruir a perfídia de Maomé". O missionário conta que na universidade, onde foi "muito bem recebido", aplicou-se "cuidadosamente nos estudos da lei e das obras" muçulmanas (Riccoldo, 1997, p.157-9). O próprio mestre da Ordem dos Pregadores, Humberto de Romans, disse acreditar que os viajantes missionários deveriam saber a religião e história tanto dos fiéis quanto dos infiéis, pois assim teriam mais "exemplos que forneceriam [...] valiosas lições" (Humbert, 1951, p.30). Riccoldo de Monte Croce procurou enfatizar a necessidade dos conhecimentos sobre as religiões não cristãs por meio de suas "regras gerais", destinadas aos missionários que pretendiam viajar para "nações estrangeiras". Para ele, era "preciso conhecer as teses e razões e as origens das diferentes seitas e saber se eles se distanciam ou não dos princípios essenciais" da fé cristã, "para saber quem é herético e quem não o é". O dominicano havia percebido que muitas formas de religiosidade poderiam se aproximar em suas crenças essenciais do cristianismo latino, "pois mesmo se eles se diferem [...] pelo rito, não há tanto perigo quanto aqueles que se diferenciam na fé" (Riccoldo, 1967, p.168).

O citado Jean de Mandeville também procurou estabelecer paralelos entre a religião cristã e outras, principalmente a dos muçulmanos. Ao falar dos maometanos, sobre "sua religião e suas crenças", o inglês afirmou ter visto e lido "várias vezes" o Alcorão, chegando à conclusão de que, devido às crenças serem "próximas" das cristãs, eles "facilmente ser[ão] convertidos à fé cristã quando forem doutrinados, quando lhes for mostrada claramente a religião de Jesus Cristo e quando lhes

CRISTÃOS NAS TERRAS DO CÃ 93

falarem das profecias" (*Viagens...*, 2007, p.137). Assim como Jean de Mandeville e o frade Riccoldo de Monte Croce, muitos outros viajantes procuraram descrever e esclarecer aspectos das religiões orientais, com o objetivo de reunir a maior quantidade possível de informações para auxiliar religiosos – e até mesmo os laicos – na tarefa missionária no continente asiático. Explicando detalhadamente as religiões dos orientais, os viajantes acreditavam estar contribuindo para a salvação tanto dos não cristãos quanto, como procuramos destacar, deles próprios.

Esse caráter informativo e também pedagógico dos relatos – visto que procuram, ainda, ensinar aos futuros missionários sobre as religiosidades orientais – foi destacado por alguns viajantes como o principal objetivo de seus relatos. O mencionado Humbert de Romans (1951, p.31) afirmou que o pregador não deveria "negligenciar o conhecimento adquirido pela experiência, pois aqueles que alcançaram uma longa experiência no cuidado das almas esta[riam] aptos a falar mais competentemente sobre assuntos interessantes". A ideia de que as descrições das religiões orientais tinham como principal utilidade o ensino para outros frades está também presente na narrativa do citado Monte Croce. Ao afirmar que tinha tratado "brevemente" dos povos conhecidos por ele, justifica-se ressaltando que empunhara a pena "para dar aprendizado" aos missionários que iriam ter "a oportunidade de atacar com mais eficácia" as religiões de infiéis (Riccoldo, 1997, p.191).

O interesse em conhecer as religiões orientais, assim como a língua, os costumes e outros aspectos dos povos visitados, obedecia a crenças, expectativas e convenções existentes no período que definiam o julgamento sobre a legitimidade e a adequação dessas religiões ao que se julgava como práticas virtuosas. Embora possa parecer hodiarmente – principalmente pela variedade e excentricidade de muitas coisas narradas – simples fruto de uma curiosidade "essencial" do ser humano, tais descrições adequavam-se às normas e aos preceitos difundidos na cristandade medieval. O olhar desses viajantes não se conduziu ao acaso, ao contrário, foi incessantemente direcionado por uma rede de práticas e discursos que levava esses homens a se interessarem por determinados aspectos dos povos visitados, dado

94 RAFAEL AFONSO GONÇALVES

que, como vimos, o valor do conhecimento estava associado à sua utilidade, isto é, à possibilidade de seu uso no cumprimento dos preceitos cristãos.

Procuramos mostrar neste capítulo como as descrições e informações dos relatos de viagem, cuja preocupação central era dar a conhecer os homens e as terras avistadas, tornaram-se valorizadas e objeto de interesse dos cristãos apenas quando puderam ser admitidas como de alguma utilidade para alcançar a salvação. Uma das versões da obra do famoso Marco Polo reafirma essa preocupação. Como é sabido, a narrativa de Marco Polo foi escrita originalmente pelo italiano Rustichello de Pisa, que ouviu as histórias do viajante veneziano quando os dois dividiam o cárcere. A partir desse original – não localizado até hoje – outras versões foram produzidas, espalhando as histórias do viajante para diversas regiões da cristandade. Uma de suas primeiras versões foi escrita por Francisco Pepino de Bolonha, um frade dominicano que afirmou ter traduzido a obra para o latim pelo pedido de alguns de seus confrades interessados na narrativa do veneziano. Sua escrita é datada entre 1315 e 1320, muito próxima, portanto, da produção do original, escrito em 1298. A versão de Francisco Pepino atingiu um grande sucesso no período, sendo utilizada por outro conhecido viajante admirador de Marco Polo, o genovês Cristóvão Colombo. De acordo com alguns autores, o frade de Bolonha, autor de outras obras, como uma crônica e um relato de peregrinação à Terra Santa, chegou a conhecer pessoalmente o próprio Marco Polo.[35]

Antes de transcrever a narrativa do viajante, o frade dominicano escreveu um prólogo em que explicita a preocupação com a utilidade do relato para o aprimoramento espiritual do cristão. Francisco Pepino procura convencer seu leitor de que seu relato não devia parecer "inválido e inútil", pois, a partir de sua leitura, "os homens fiéis poderiam obter de Deus o merecimento de muitas graças, já que, ao contemplar as obras do Senhor, maravilhosas por sua variedade, beleza e grandeza de suas criaturas, admirariam com devoção seu poder e sua sabedoria".

---

35 Para algumas referências sobre Francisco Pepino e sua versão do livro de Marco Polo, cf. Beltrán, 2002, p.193; Cappelli, [s.d.]; Walckenaer, [s.d.], p.21.

CRISTÃOS NAS TERRAS DO CÃ **95**

As utilidades do relato não findam aí. O frade procura elencar todos os tipos de serventia que a narrativa de Polo poderia oferecer. Segundo ele, ao ler o livro, o cristão poderia "ver os povos gentios envoltos em tão densas sombras de cegueira e tão grandes indecências" e, ao mesmo tempo, Deus "iluminando a seus fiéis com o resplendor da verdade" e dignando-se a "chamá-los de tão perigosas trevas à sua admirável luz"; ou ainda os gentios, "convalescendo-se de sua ignorância", rogando "ao Senhor pela iluminação de seus corações" (*El libro...*, 2010, p.1-2). Francisco Pepino acredita que a leitura do relato

> [...] confundirá a imprudência dos cristãos não devotos, já que os povos infiéis estão mais dispostos a venerar seus ídolos do que muitos dos que foram selados com a marca de Cristo a honrar o verdadeiro culto de Deus; também poderão ser incitados os corações de alguns religiosos ao acréscimo da fé cristã, e levarão com a ajuda propícia de Deus o nome de nosso Senhor Jesus Cristo, levando ao ouvido de tão grande multidão de povos, as nações cegas dos infiéis, onde a colheita é grande, mas os trabalhadores são poucos. (ibidem, p.1-2)

A versão do livro de Marco Polo escrita pelo frade indica a grande preocupação que permeava o período em relação ao valor que tais descrições poderiam adquirir, chegando o frade a propor que foi apenas por suas utilidades que ele tomou "o trabalho de o traduzir com a consciência mais tranquila" (ibidem, p.2), sem, portanto, correr o risco de se dedicar a uma mera curiosidade.

Ao longo deste capítulo, procuramos investigar, pois, como os viajantes passaram a valorizar a descrição do mundo sensível que avistavam durante o percurso. Dois fatores, como procuramos apontar, foram fundamentais para essa alteração no modo como os religiosos, e também os laicos, olhavam e entendiam o mundo à sua volta. Um deles foi o surgimento do império tártaro, atraindo a atenção dos cristãos para uma região do mundo até então negligenciada pela grande maioria dos homens da cristandade, principalmente pela ausência de referências sobre essas terras na tradição histórica do Cristianismo. A aparição do grande império do Cã levou os cristãos a se preocuparem com essa região quase totalmente desconhecida até então e ver nela a possibilidade da prática do Cristianismo ou mesmo a presença da vontade divina. Por outro lado, esse novo interesse foi impulsionado, como procuramos mostrar, pelas nascentes ordens mendicantes, principalmente pela Ordem dos Pregadores e pela Ordem dos Frades Menores. Com suas propostas de apostolado universal e de mendicância, especialmente, os frades passaram a se relacionar com o mundo sensível de uma maneira mais harmoniosa, enxergando nele, ou melhor, a partir dele a oportunidade de atingir a salvação.

Essas alterações, todavia, não significaram uma ruptura completa com os períodos anteriores. Na verdade, a própria forma como essas informações eram vistas e entendidas se devia a modos muito antigos de se compreender o conhecimento. Como mencionamos anteriormente, desde a Antiguidade, era comum atribuir validade ou não a um tipo de conhecimento a partir de suas formas de utilização, quando se originou, a propósito, o termo curiosidade. No mundo cristão, no entanto, a utilidade desejada do conhecimento tornou-se bem específica: a salvação. A curiosidade, por sua vez, passou a significar aquilo que não contribuía em nada para o fiel entrar no Reino dos Céus. Os relatos de viagem, nesse ambiente, permaneceram por muito tempo sendo desestimulados, e aqueles poucos que narraram sua viagem restringiram-se a informações sobre lugares santos e atos votivos.

Nosso objetivo neste primeiro capítulo foi, no entanto, mostrar como se operou uma redefinição do valor das viagens e dos registros delas para a finalidade última da existência. Para isso, procuramos delimitar que conhecimentos dos outros passaram a ser considerados dignos do interesse dos religiosos e laicos cristãos. Guiados especialmente por tais objetivos, nossa ambição foi mapear os principais argumentos, crenças e normas que envolviam a escrita dessas narrativas, para compreendermos melhor o processo de construção desse discurso e, em última instância, o modo como esses homens se relacionavam com o mundo sensível. Procuramos, nesse sentido, investigar alguns aspectos das condições que tornaram possível a produção dos relatos de viagens, bem como a manutenção de seus principais formatos e propósitos declarados.

CRISTÃOS NAS TERRAS DO CÃ 97

No capítulo que se segue, procuraremos examinar essas narrativas sob um ângulo um pouco diferente. Depois de termos analisado as justificativas e o processo de validação das narrativas, centrar-nos-emos nas formas como as terras orientais foram representadas nos relatos. Esse movimento não é fortuito. Embora os capítulos tenham certa independência, sua articulação deverá apontar como os fundamentos e justificativas da seleção dos conhecimentos foram essenciais para a formação de uma determinada imagem das partes orientais e, em especial, dos tártaros. Nosso objetivo passa a ser, a partir de agora, perceber as principais formas como aqueles homens foram descritos, identificando o modo como os viajantes viram esses povos e religiões, bem como o peso de certas expectativas que eles partilhavam tanto dos orientais quanto deles próprios naquelas terras.

2
O RECONHECIMENTO
DAS TERRAS E GENTES ORIENTAIS

"Qual é esse povo, tão grande, tão inumerável, sobre o qual os Livros divinos ou as histórias dos antigos não falam nada de claro? Como um povo assim pôde permanecer oculto a tal ponto?" (Riccoldo, 1997, p.95). Foi essa pergunta, tão bem formulada por Riccoldo de Monte Croce sobre os tártaros, que serviu de justificativa para grande parte dos viajantes que partiram para as terras orientais nos séculos XIII e XIV, quando o império liderado pelo Cã ligou as fronteiras da cristandade com as regiões do extremo leste do continente asiático. A admiração explicitada pelo frade da Ordem dos Pregadores, no início do século XIV, não era sem razão. Após séculos sem qualquer notícia sobre essas regiões – como foi tratado no primeiro capítulo –, em um intervalo de pouquíssimos anos, os cristãos depararam com notícias diversas sobre um imenso império, onde se encontram incontáveis povos e paisagens, até então pouco conhecidas.

Procurando responder às inquietudes e questões levantadas pelos recentes contatos com os tártaros, ou mesmo para dar um sentido para aquilo que era visto como uma aparição repentina, numerosos viajantes deixaram sua terra natal para viajar por esse mundo tão diferente daquele que lhes era familiar. Tão diversas quanto essas terras visitadas foram as descrições e os julgamentos tecidos pelos viajantes. Contando apenas com poucas e esparsas informações, e dependendo

100 RAFAEL AFONSO GONÇALVES

de uma viagem muitas vezes mediada por intérpretes que com muita dificuldade conseguiam se comunicar com os latinos, as narrativas de viagem produziram descrições muito diferentes entre si e até profundamente contrastantes.

Em meio à grande e rica corte que circundava a residência do Grande Cã de Catai, o franciscano João de Montecorvino, em uma carta enviada aos seus superiores no final do século XIII, prestou conta das milhares de conversões que efetuara, e aproveitou para pedir o envio de outros frades para auxiliá-lo na grande colheita de almas que aquelas terras prometiam (Montecorvino, 2005, p.259-60). Outro frade da Ordem dos Frades Menores, Odorico de Pordenone, por meio de sua narrativa, escrita em 1330, também incentivou os deslocamentos para os domínios tártaros, aos quais se refere como ricos e nobres. Pordenone relatava, do mesmo modo, "as maravilhas operadas pelos frades menores na grande Tartária", que, segundo ele, andavam batizando "a muitos daquela região" (Pordenone, 2005, p.333-4).

Esses relatos parecem destoar bastante dos de outros frades que também puderam conhecer as crenças, costumes e características dos tártaros em suas viagens. Por exemplo, Guilherme de Rubruc, em meados do século XIII, achou o Cã tártaro tão soberbo que chegou a declarar sua vontade de humilhá-lo (Rubruc, 2005, p.220). Contrariamente aos viajantes mencionados, esse frade desaconselhou a viagem a outros religiosos, especialmente das ordens mendicantes. Rubruc acreditava não ser "conveniente que algum frade fosse de novo aos tártaros", como ele foi, ou como iam "os Pregadores", a não ser que o papa quisesse "responder às loucuras" (ibidem, p.243) daquele povo.

Outros ainda, como é o caso do referido Riccoldo de Monte Croce, apesar de enxergarem os tártaros como um povo cruel e devasso, atribuíram a eles um papel fundamental na história do povo cristão. O dominicano acreditava que

> [...] todo povo cristão, todo povo ocidental deve se lembrar com reconhecimento que o Senhor, ao mesmo tempo em que enviou aos países do Oriente os Tártaros para matar e destruir, enviou ao Ocidente os fidelíssimos servidores, o bem-aventurado Domingos e o bem-aventurado

CRISTÃOS NAS TERRAS DO CÃ 101

Francisco, para aclarar, instruir e edificar, e tanto quanto esses últimos tiveram sucesso na edificação, aqueles prevaleceram na destruição. (Riccoldo, 1997, p.95)

Embora os fundadores das duas grandes ordens mendicantes nunca tivessem tomado conhecimento da existência do nascente império asiático, Riccoldo de Monte Croce interligou a trajetória dos dois religiosos cristãos e a dos tártaros. Para o dominicano florentino, a propósito, a presença devastadora dos tártaros era compensada pela existência das ordens fundadas por Francisco e Domingos, ordens que foram decisivas para salvaguardar um certo equilíbrio. A coincidência entre o surgimento conjunto das ordens e o aparecimento do império fundado por Gengis Cã não é interpretada pelo frade missionário como fortuita, mas como parte de um plano divino maior, sinal da legitimidade das ações das duas ordens religiosas nas terras orientais. Se, para contrabalancear a "destruição" empreendida pelos tártaros, eram necessários valores e ações em um sentido inverso, era justo que aqueles que assumiram essa tarefa ocupassem no mundo um posto de primeira grandeza. Tal visão retrospectiva acerca do papel das ordens mendicantes justificava o interesse e a presença dos frades nas partes orientais.

Tendo em conta essas diferentes perspectivas, nas linhas que se seguem, procuraremos investigar esse conjunto de textos que descreveu as terras orientais – e mais especificamente o Império Tártaro. Tratamos no primeiro capítulo do processo de valorização das narrativas de viagem, observando como suas descrições deveriam obedecer a determinadas finalidades e parâmetros então estabelecidos. Resultado desse conjunto de normas e prescrições, as narrativas de viagem produziram uma série de enunciados acerca do que esses cristãos medievais sentiram e pensaram sobre essas regiões e esses homens ainda pouco familiares. Neste segundo capítulo, nosso objetivo é, por consequência, entender mais especificamente como os viajantes formularam, a partir de seus relatos, uma imagem das terras e, especialmente, dos tártaros, homens que dominavam a maior parte das regiões percorridas nessas grandes viagens.

As diferentes formas de descrever e de dar sentido a esse mundo recém-conhecido nos conduziu a subdividir o texto em tópicos. Ini-

102 RAFAEL AFONSO GONÇALVES

ciaremos então com uma visão mais pessimista dos tártaros, presente já nas primeiras notícias daquele povo, e que certamente persistiu com força significativa, apesar de algumas oscilações, por um longo período. Posteriormente, passaremos a examinar outra faceta das terras orientais, uma faceta em que as esperanças cristãs de fazer cristão aquele povo ocultam qualquer desconfiança quanto à sua impermeabilidade. Essas duas visões, embora aparentemente opostas, como veremos, guardam uma base comum, isto é, expressam objetivos e expectativas que nos ensinam, acima de tudo, sobre esses homens que viajaram e sobre o que pensavam de si próprios ao olharem para os outros.

Pretendemos cotejar, nesse sentido, as principais formas de se descrever os povos das "partes orientais" e, a partir daí, procurar entender como os frades compreendiam e justificavam sua presença, bem como sua ação naquelas terras. Sem pretender discutir se o que eles descreviam daquelas terras era real ou fantasioso,[1] ou mesmo se os tártaros pretendiam ou não abraçar o Cristianismo, procuramos analisar como essa parte do mundo construída pelos relatos de viagem ganhou sentido dentro das aspirações e da visão de mundo cristã, e em que medida ela justificou a partida dos inúmeros religiosos que para lá se destinaram.

A indagação sobre os "novos bárbaros"

Entre os anos de 1235 e 1259, o cronista Mateus Paris reuniu em seus ecritos todas as notícias dos fatos considerados importantes desse período, onde pode-se ler um verdadeiro "dossiê" sobre as primeiras notícias dos tártaros que abalou as cortes europeias pelo terror que narrava. Em 1241, esses relatos falavam sobre a invasão de "uma imensa multidão daquela detestável raça de Satã, os Tártaros", que

---

1 Cf. Veyne, 1987; Foucault, 1996.

CRISTÃOS NAS TERRAS DO CÃ 103

[...] irromperam de sua região montanhosa, e caminhando através das rochas aparentemente impenetráveis, investiram sobre o território, como demônios perdidos de Tartarus (assim eles são chamados de tártaros, como habitantes de Tartarus); e infestando o país, cobrindo a face da terra como gafanhotos, eles devastaram os países do Oriente com lamentável destruição, espalhando fogo e matança, não importa onde fossem. (*Matthew...*, 1852, p.312)

As primeiras informações divulgadas na cristandade sobre os tártaros não eram, como sugere a citação, nada animadoras, talvez porque a conquista da Hungria e as incursões na fronteira da Alemanha, "a porta da cristandade", tinham causado uma verdadeira onda de temor entre os cristãos. Desde 1221, já apareciam algumas referências a um grande povo oriental, ou, mais especificamente, referências às suas investidas contra os sarracenos, sendo, inclusive, cogitada a possibilidade de um aliado. Mas o massacre dos cristãos húngaros e de diversos religiosos que pregavam aos cumanos,[2] cuja grande maioria era dominicana e franciscana, acabou com qualquer expectativa positiva em relação a esse povo, produzindo, na cristandade, uma imagem dos tártaros em que sobressaem a brutalidade e as atrocidades cometidas contra os cristãos.

A partir das notícias que chegavam, logo se associou esse povo a diversas profecias bíblicas sobre o fim do mundo e a irrupção do Anticristo. Para muitos, eles eram descendentes das dez tribos perdidas de Israel, mas a constatação de que desconheciam os livros judeus acabou por colocar em questão essa ideia. Outra opinião bastante comum era a de que os tártaros eram os povos de Gog e Magog,[3] descritos no Apocalipse como os aliados de Satã. No livro bíblico estava escrito que, quando escapasse da prisão, Satã sairia "para seduzir as nações dos quatro cantos da terra, Gog e Magog, e reuni-las para o combate". Seriam "numerosos como a areia do mar". Nessa visão bíblica, liderados pelo Diabo, eles "subiram à superfície da terra e cercaram o

---

2 Os cumanos eram um povo de origem turca que habitava desde o século XI as regiões do norte do Mar Negro e ao longo do Rio Volga. Cf. Richard, 1998, p.20-33.

3 Sobre as referências a Gog e Magog nos escritos cristãos, cf. Hallberg, 1906, p.225-30.

acampamento dos santos e a cidade querida".[4] De uma forma ou de outra, pois, os ataques sugeriam a chegada dos "inimigos de Cristo", que, vindos das partes orientais, representavam uma grande ameaça para a cristandade (Jackson, 2005, p.142-7).

As investidas tártaras foram de tal modo impactantes que o próprio caráter humano dos conquistadores foi transfigurado: vestidos em peles de touros, como aponta o cronista, "os homens são inumanos e possuem a natureza de bestas, preferivelmente chamados de monstros do que homens". Sua alimentação aponta também para seu aspecto bestial, principalmente pela prática do canibalismo: "sedentos por sangue, dilaceram e devoram a carne de cães e seres humanos" (*Matthew...*, 1852, p.312-3). A virgindade, tão cultuada pelos cristãos, aparece profanada pelos invasores em dois modos distintos: "As virgens são desfloradas até morrerem de exaustão; então seus seios são cortados para servir de iguaria aos seus chefes, e seus corpos são entregues em um alegre banquete aos selvagens." Até mesmo a dieta de seus cavalos, elementos fundamentais nas estratégias militares, apresentavam características incomuns, pois alimentavam-se não apenas de folhas, mas "até mesmo das próprias árvores" (ibidem, p.313).

Figura 1 – Canibalismo mongol. Gravura presente no manuscrito da *Chronica Majora*, de Matthew Paris. The Parker Library, Corpus Christi College, Cambridge, ms. 16, f. 167r.

---

4 Apocalipse, 20: 8. Outras referências bíblicas sobre Gog e Magog encontram-se em Ezequiel 38-39.

CRISTÃOS NAS TERRAS DO CÃ 105

A barbárie[5] dos tártaros é apontada também em sua conduta e valores, que contrariavam em grande medida os julgamentos morais cristãos. A forma como guerreavam já indicava o estado "primitivo" em que se encontrava sua empresa militar. No século XIII, a cristandade latina já contava com um conjunto de normas e prescrições que regiam a conduta dos cavaleiros, partícipes das infindáveis guerras que animavam o espírito cavaleiresco medieval. Jogos e torneios serviam como exercício aos combatentes cristãos para os preparar para batalhas e guerras, estabelecendo padrões de conduta e regras que normatizavam os conflitos segundo crenças e princípios hierárquicos.[6] A guerra empreendida pelos tártaros, totalmente indiferente a tais prescrições, era entendida pelos cristãos a partir de uma total ausência de qualquer norma, pois, segundo as notícias contidas na mencionada crônica, eles não possuem leis humanas, não conhecem piedade, e são mais cruéis do que leões e ursos (ibidem, p.313). A falta de discernimento dos diferentes estados sociais e os elementos que os constituem,[7] também presentes na configuração das guerras, é ressaltada pelo cronista Mateus Paris e por diversas outras notícias do período que praticamente repetem o mesmo julgamento: na guerra, os tártaros "não respeitam sexo, idade ou categoria" (ibidem, p.313).

Esse tipo de enunciado era partilhado tanto por leigos quanto por monges ou pelos frades das novas ordens mendicantes. Franciscanos e dominicanos, que posteriormente desempenharam um papel central na descrição tártara, não emitiram, nesse ambiente, julgamentos que fugissem a esse padrão. Em uma carta enviada ao duque de Brabante,[8] Henrique de Lorraine aponta para a participação dos frades, que ainda não contavam com uma pretensão missionária nos territórios dominados pelos orientais.

---

5 W. R. Jones afirma que os tártaros foram, para os cristãos, os "mais familiares bárbaros dos séculos XIII e XIV" (Jones, 1971).
6 Sobre a moralização dos combates medievais, cf. Duby, 1993.
7 Sobre a configuração da estrutura social medieval, cf. Duby, 1992; Constable, 1995.
8 O ducado de Brabante cobria territórios que seriam hoje correspondentes ao norte da Bélgica e ao sul dos Países Baixos.

> Nós estamos agora trabalhando pela instrumentalização de nossos prelados, *e dos irmãos Pregadores e Menores*, convocando uma cruzada geral que deve ser pregada, rezada e rapidamente continuada, para que todo nosso território seja despertado para a guerra, por amor a Jesus Cristo. (apud *Matthew...*, 1852, p.340, destaque nosso)

Algumas nuanças nos contornos da imagem tártara, no entanto, podem ser percebidas em meados daquele século, quando alguns frades mendicantes procuraram investigar mais pormenorizadamente suas origens e intenções. Os frades procuraram descrever os tártaros por meio de características mais amenas do que os autores precedentes, buscando dotar as narrativas de explicações mais racionalizadas do que aquelas que apenas associavam as ações tártaras a origens brutais ou a um horror motivado apenas por suas tendências maléficas (Jackson, 2005, p.150). O próprio prazer notado entre os tártaros de alimentar--se de pratos preparados com carne humana, anteriormente apontado pelo cronista beneditino, ganha contornos mais brandos no relato do franciscano João de Pian del Carpine, enviado em uma viagem às terras orientais em 1245. Embora ele aponte para a ausência de qualquer critério na alimentação tártara, percebendo que "tudo o que se pode mastigar constitui seu alimento", o que indicava uma certa falta de refinamento nos costumes, o frade acreditava que a ingestão de carne humana só era feita por necessidade: "assim, quando lutaram contra uma cidade dos kitai, onde morava o imperador deles, puseram-lhe cerco por tanto tempo que até aos tártaros faltou de todo mantimento; e, por simplesmente não terem nada para comer, de cada dez homens escolhiam um para comer" (Carpine, 2005, p.42). O suposto hábito tártaro de comer carne crua também aparece na narrativa do franciscano Guilherme de Rubruc como uma imposição dada pelas condições naturais do território, levando a que, "de vez em quando", eles tivessem que "comer carnes semicozidas ou quase cruas, por falta de combustível para o fogo" (Rubruc, 2005, p.159).

A organização militar tártara também é descrita por Pian del Carpine com um tom mais ameno. Mesmo que a crueldade com os prisioneiros e a deslealdade compusessem seus predicados, o exército

CRISTÃOS NAS TERRAS DO CÃ 107

tártaro é descrito a partir de uma hierarquização rígida e como dono de estratégias fixas de combate, contrastando com a imagem caótica com que os primeiros cronistas descreviam seus ataques (Carpine, 2005, p.59-65). Tal forma de descrição pode ser vista como possível desdobramento da formação escolástica ou universitária com que os missionários mendicantes puderam contar,[9] ou mesmo da importância que tais ordens atribuíram às matérias escolásticas, o que contribuiu para a presença dos frades entre os nomes de maior relevo das universidades medievais.[10] Mesmo que alguns frades viajantes dificilmente tenham frequentado a universidade, como é o caso de João de Pian del Carpine, responsável por cargos administrativos da ordem, é provável que outros tivessem frequentado meios universitários, como o franciscano Guilherme de Rubruc, possível presença na Universidade Parisiense, talvez o maior centro intelectual do medievo.[11] De qualquer modo, a fundamentação dos costumes tártaros a partir de parâmetros mais racionalizados, apresentada pelos mendicantes de meados daquele século, contribuiu para a produção de uma imagem mais humanizada dos súditos do Cã, o que de certa forma estimulou uma aproximação menos hostil.

Essas variações na maneira de descrever os tártaros, no entanto, não chegaram a alterar substancialmente a percepção geral sobre esses homens. A herança legada pelas primeiras descrições dos cronistas, bem como as lembranças das incursões tártaras, ainda visíveis ao redor dos caminhos que levavam aos seus territórios, como as numerosas sepulturas dos povos vencidos, não deixavam apagar a visão de "inimigos de Cristo". As reminiscências dos primeiros contatos entre os cristãos e o império oriental continuaram impedindo que alguns viajantes criassem expectativas mais positivas, inclusive de uma possível cristianização daquelas terras. O principal obstáculo avistado por esses cristãos era a carência de predicados ligados às faculdades

---

9 Esta é a tese defendida por Klopprogge. Cf. Klopprogge, 1997.
10 Podemos citar alguns exemplos, como o franciscano Roger Bacon e os dominicanos Alberto Magno e Tomás de Aquino. Sobre as universidades medievais, continuam sendo obras incontornáveis Le Goff, 2003 e Verger, 1990.
11 Cf. Verger, 1990.

108 RAFAEL AFONSO GONÇALVES

da razão que ainda assinalavam os tártaros. Assim, as características "bárbaras" surgiam nos relatos como uma barreira significativa para qualquer tipo de esclarecimento a respeito das questões religiosas envolvidas no processo de demonstrar os erros das crenças dos não cristãos e anunciar a Verdade.

Os encontros com os invasores orientais, descritos pelos viajantes, parecem estar mediados por tal imagem. Chegando ao território tártaro, o dominicano Ascelino de Cremona foi questionado pelos primeiros guardas do império se sabia que o Cã era o verdadeiro filho de Deus e que os nomes de Bajothnoy e Barthy eram célebres e renomados em toda terra. Ascelino, como nos narra seu companheiro de viagem Simon de São Quentin, respondeu que "tinha ouvido dizer sobre uma nação estrangeira e bárbara, chamada Tartária, saída das extremidades do Oriente" *(Voyage...,* [s.d.], p.68). O franciscano Guilherme de Rubruc adotou uma postura parecida com aquela tomada pelo viajante dominicano. Referindo-se às conquistas no leste europeu, em sua narrativa escrita cerca de dez anos após a confecção do relato de São Quentin, ele os caracteriza como um "povo nulo e ignorante" (Rubruc, 2005, p.157).

Outro ponto que colaborava para a reafirmação do estado primitivo dos costumes tártaros era a suposta falta de unicidade nas práticas religiosas praticadas por todo o império — império formado ao longo de numerosos anos de empresa militar. A liberdade religiosa foi um dos grandes trunfos utilizados pelos conquistadores para possibilitar a submissão de tantos povos a um único soberano; o que depois veio a render aos Cãs uma imagem de tolerância dentro da historiografia moderna.[12] Já para alguns viajantes medievais, a falta de rigor nos ritos e nas crenças religiosas sugeria uma inferioridade de conduta. João de Pian del Carpine acreditava que os conquistadores não obrigavam "ninguém a negar a sua fé e a sua lei", porque eles mesmos "não observam nenhuma lei sobre o culto a Deus" (Carpine, 2005, p.37).

O dominicano David d'Ashby também reafirmou a falta de rigor religioso, e também moral, para tratar dessa "maldita gente que se

---

12 Cf. Roux, 1985, p.121-6.

CRISTÃOS NAS TERRAS DO CÃ 109

chama de Tártaros", e que se acreditavam "reis de todo o mundo, e senhores de todas as criaturas que vivem na terra [...]" (David, 1958, p.40-1). Esse frade viajou para o canato da Pérsia em 1260, onde permaneceu até 1274, ano em que retornou à cristandade para servir de tradutor dos enviados do Cã ao Concílio de Lyon. O encontro, liderado pelo então papa Gregório X, tinha como objetivo tratar de uma possível aliança entre cristãos e tártaros, com o fim de resgatar a desejada Terra Santa das mãos dos muçulmanos. Para informar os participantes cristãos do Concílio acerca das intenções e características do possível parceiro, David teria escrito seu *Faits des tartares*, no qual conta suas principais experiências junto aos tártaros (Richard, 1998, p.100-2).

Em seu relato, David d'Ashby sublinha a conduta pusilânime adotada pelos orientais, sem estabelecer "nenhuma lei de adoração a Deus e nem como eles deveriam se portar nesse século". Para o dominicano, isso se devia aos hábitos incultos desses homens primitivos, que se conduziam "por um sentido natural", pelo qual estabeleciam "os comandos entre eles" (David, 1958, p.41). Não é possível conhecermos as outras opiniões de David sobre seus anfitriões, visto que, infelizmente, o único manuscrito dessa obra foi destruído pelo incêndio ocorrido na biblioteca de Turin em 1904, restando apenas a introdução e um pequeno capítulo recolhido por C. Brunel em obras que citaram o *Faites* antes do acidente.[13] Entretanto, é possível perceber nesses pequenos trechos que o dominicano não era menos crítico que alguns de seus colegas mendicantes no que toca às características tártaras.

Seu confrade da Ordem dos Pregadores, Simon de São Quentin, por exemplo, descreve a discussão que seu grupo de viajantes travou com os tártaros a respeito da sucessão do comando da Santa Sé, com traços que realçam ainda mais a falta de requinte dos conquistadores. Indignado ao ouvir a afirmação de que o Cã era superior ao papa "em poder, glória, dignidade e outras qualidades" (Voyage..., [s.d.], p.71), São Quentin narra que seu companheiro Ascelino de Cremona procurou explicar, a partir de fundamentos teológicos, a delegação do poder divino do pontífice iniciada pelo apóstolo Pedro. A tentativa,

---

13 Cf. Brunel, op. cit., v.79.

110 RAFAEL AFONSO GONÇALVES

como era de se esperar, foi um completo fracasso, mas o interessante é atentarmos para o seu porquê:

> E como ele queria lhes explicar e provar isso por muitas razões e exemplos, ele não encontrou nenhum meio de tornar isso compreensível para esses homens bárbaros e brutais, pois ele não conseguiu continuar a responder a esses insanos, pelos barulhos e os gritos com que eles o atordoaram, com uma extrema insolência. (ibidem, p.76)

A barbárie que caracterizava os tártaros, e impedia a compreensão da doutrina dos latinos, também é apontada poucos anos depois pelo franciscano Guilherme de Rubruc, mas de um modo menos explícito. Ao chegar à corte do quarto sucessor de Gengis Cã, Mangu, ele foi convocado para uma disputa teológica na presença do Grande Cã, onde pôde confrontar os preceitos cristãos com as doutrinas muçulmana, budista e do cristianismo herético. Franciscano formado em Lógica e Teologia, Rubruc se descreve como um debatedor talentoso e experiente nesse tipo de discussão, capaz de formular estratégias discursivas prévias para evitar assuntos mais polêmicos e confundir seus adversários.

No momento da disputa, o franciscano, a fim de demonstrar a superioridade de sua crença frente ao Cã e aos outros infiéis, expôs os principais dogmas cristãos e procurou, como ele afirma, apontar os erros das outras religiões. Mas seus esforços não foram capazes de converter ninguém, não por uma falta de qualidade ou coerência em seu discurso, mas pela incapacidade de compreensão do auditório, pois, como ele alega, mesmo após sua fala "sem nenhuma contradição", não houve ninguém que dissesse: "Creio, quero tornar-me cristão" (ibidem, p.217). Assim, a descrição do debate reafirma a imagem dos tártaros, e de outros não cristãos, como pouco interessados no pensamento claro e racional do cristão ocidental (Tolan, 2003, p.300), ou melhor, pouco capazes para apreendê-lo, o que dificultava sua cristianização.

Os traços primitivos que compunham a representação dos tártaros também pareciam corresponder às características de seu território,

CRISTÃOS NAS TERRAS DO CÃ **111**

visto pelos viajantes como uma grande região desértica, carente de cidades ou outras organizações urbanas. Ao transpor as fronteiras da cristandade, esses viajantes deparavam com imensos espaços vazios, principalmente os desertos e as planícies, que demoravam, muitas vezes, dezenas de dias para serem ultrapassados. Dirigindo-se "diretamente para o Oriente", Guilherme de Rubruc atravessou um "vasto deserto", que demandou "trinta jornadas de viagem" por um espaço onde não havia "mata, nem monte, nem pedra, mas grama ótima" (Rubruc, 2005, p.137-8). A imagem desértica do território não era, a propósito, uma novidade dos relatos desses viajantes, sendo possível encontrar esse cenário já nas primeiras notícias chegadas das partes orientais. Na mencionada carta compilada por Mateus Paris, Ivo de Narbonne descreve, entre outras coisas, a terra natal dos orientais como "um grande ermo,[14] ou antes, um deserto" *(Matthew...,* 1852, p.471). O próprio Mateus Paris diz, sobre os tártaros, que "eles entram com a força de um relâmpago nos territórios dos Cristãos, deixando as terras desertas" (ibidem, p.313).

A devastação causada pelas invasões da Hungria pelos tártaros é relembrada no percurso seguido por Rubruc: ao caminhar pelo território onde os cumanos foram derrotados, à ausência total de homens junta-se a presença da morte: "Viajávamos, pois, na direção do oriente [...] nada mais vendo senão o céu e a terra e, às vezes, o mar à direita, denominado Mar de Tanais,[15] e as sepulturas dos cumanos" (Rubruc, 2005, p.138-9). Os cumanos, oriundos do nordeste do Mar Negro, já experimentavam um clima de semiaridez, o que os fez se aproximar de rios como o Don e o Volga. As rotas percorridas pelos viajantes cristãos incluíam inúmeros lugares, como é o caso da Cumânia, de clima árido e desértico, o que reafirmava as informações sobre a terra dos tártaros trazidas anteriormente nas crônicas. Com exceção de São Quentin, que não adentrou o continente asiático, esses viajantes percorriam um caminho que passava pelo norte do Mar Negro e do Cáspio,

---

14 A palavra inglesa utilizada pelo referido clérigo é "waste", que também produz o efeito de "desperdício".

15 Rio Don.

112 RAFAEL AFONSO GONÇALVES

passando pelo que seria hoje o Cazaquistão, para chegar à região de Caracorum, localizada no interior da Mongólia atual (Power, 1968). Essa rota, principalmente após o Cáspio, é uma das mais desérticas do mundo, e certamente contribuiu para a fixação da imagem da terra ocupada pelos tártaros, composta por montanhas intransponíveis e desertos inacabáveis.

Aprofundando-se nesse percurso, Guilherme de Rubruc por vezes se refere aos tártaros como "pastores do deserto", o que reforça a sensação de um povo esparso, dividido por grandes áreas desabitadas. Segundo o franciscano, esse imenso ermo fora ocupado quando "Chingis, o primeiro *chan*, teve quatro filhos, dos quais nasceram muitos descendentes, que atualmente possuem grandes acampamentos; diariamente se multiplicam e se difundem por aquela vasta solidão, que é como o mar" (Rubruc, 2005, p.159). João de Pian del Carpine descreve a terra dos súditos do Cã destacando as mesmas características: a infertilidade do solo e a dificuldade de encontrar água na região. O franciscano afirma que "a terra em parte é montanhosa e em parte plana, mas é quase toda cheia de cascalho e muito arenosa [...], águas e riachos, ali, são poucos e os rios, raríssimos" (Carpine, 2005, p.31). O frade conhecido como C. de Bridia, autor de uma obra que se dedicava a sintetizar em um único texto a viagem do grupo liderado por João de Pian del Carpine, o *Tartar Relation*, reafirma a infertilidade das terras tártaras. Para esse franciscano, o aspecto desértico da região era tanto uma consequência do solo "arenoso" quanto do clima "muito destemperado" (*The Vinland Map...*, 1965, p.86).

Os desertos eram considerados, na Idade Média, sobretudo com o desenvolvimento das cidades a partir do século XII, um dos lugares mais inóspitos para a permanência humana.[16] Por isso, homens "santos" em busca de uma vida de extrema austeridade, como os eremitas, imiscuíam-se nessas regiões a fim de atingir uma mortificação do corpo e favorecer um aprimoramento da alma (Vauchez, 1995, p.92). Por outro lado, os que habitavam os desertos movidos por motivos diversos daqueles espirituais eram vistos como seres primitivos, irracionais,

---

16 Cf. Verdon, 1998.

CRISTÃOS NAS TERRAS DO CÃ 113

residentes em lugares inadequados para a presença humana, ou seja, eram vistos como semelhantes mais a bestas do que a homens.[17]

Os tártaros, longe de serem qualificados de "santos", receberam os predicados que sugeriam sua barbaridade. Os ermos desérticos, segundo esses viajantes, não imperavam em seu território apenas por imposições geográficas e climáticas, antes era atribuída a ausência dos centros urbanos a uma verdadeira aversão que os tártaros tinham pelas cidades. Ao passar por Kiev, João de Pian del Carpine afirma que a cidade russa "fora uma cidade muito grande e populosa", mas que depois da conquista tártara foi "reduzida a quase nada" (Carpine, 2005, p.56). Ao chegar ao Sul da Sibéria, próximo ao lago Baikal, Guilherme de Rubruc se lembra que, nessa "planície, costumava haver grandes vilas, a maior parte delas" tendo sido destruída "para que os tártaros ali apascentassem os rebanhos" (Rubruc, 2005, p.162).

A única cidade destacada pelos viajantes era a então capital do império tártaro, Caracorum. O frade de Bridia, autor do *Tartar Relation*, aponta que os tártaros "não têm cidade", somente "uma única cidade chamada Caracorum". João de Pian del Carpine chegou a afirmar que nos domínios tártaros não havia "vilas ou cidades, à exceção de uma que dizem ser bastante boa, cujo nome é Caracorum" (Carpine, 2005, p.31). Mas se Carpine parecia admitir a possível qualidade da capital do império, Rubruc procura diminuir a importância e o tamanho da cidade em seu *Itinerário*, comparando-a com o que seria apenas um burgo de uma grande cidade cristã. Diz esse viajante flamengo o seguinte: "sabei que, excluindo o palácio do Cã, não é tão boa como o burgo de São Dionísio [em Paris]; o mosteiro de São Dionísio vale dez vezes mais do que aquele palácio" (Rubruc, 2005, p.208).

---

17 Para uma comparação de um caso semelhante, cf. Nenad, 1996, p.281-9.

A desesperança na conversão dos tártaros

Bárbaros e irracionais, esses "homens do deserto" não pareciam capazes de receber uma doutrina que exigia de seus fiéis certo entendimento, a doutrina dos cristãos latinos. Rubruc coloca como um empecilho à evangelização dos tártaros a sua falta de capacidade para discernir a religião da terra natal dos viajantes, pois o rótulo cristão lhes "parecia ser um nome de povo", e, além disso, esses tártaros eram "tomados de tamanho orgulho que, mesmo que lhes ocorra ter alguma crença em Cristo, eles se recusam a se dizer 'cristãos'" (ibidem, p.146-7). Eram, pois, aparentemente impermeáveis os tártaros. Tanto que, apesar de João de Pian del Carpine ter notado certa simpatia do chefe tártaro pelos cristãos – pois ele mantinha "sempre um coro dos cristãos diante de sua tenda maior", onde cantavam "pública e abertamente" –, a evangelização cristã não aparentava ser a atitude mais profícua a ser tomada em relação aos tártaros. E isso, a despeito, segundo o franciscano e outros viajantes, da expectativa dos cristãos, nestorianos e jacobitas em sua maioria, "de que ele [o Cã] iria se tornar cristão" (Carpine, 2005, p.93).

João de Pian del Carpine aponta para o perigo que uma aproximação poderia trazer, sobretudo pela falsa intenção que motivava os conquistadores a procurarem estabelecer a paz com os outros povos, pois, como ele afirma, "Deve-se saber que [os tártaros] não fazem paz com ninguém, a não ser que se sujeite a eles, pois, como foi dito acima, *Chingiscan* ordenou que, se puderem, subjuguem todas as nações". O franciscano também desaconselha os acordos com os súbditos do Cã pela exploração excessiva que eles impunham aos povos conquistados, ou mesmo pela facilidade com que eles poderiam quebrar suas promessas: "[...] quando têm domínio sobre eles [os conquistados], [os tártaros] não cumprem o que lhes prometerem, ao contrário, procuram toda a ocasião propícia para ir contra eles" (ibidem, p.66). Outra constatação do franciscano diz respeito ao tratamento oferecido aos soberanos, que mandam vir "a eles sem demora; quando chegam, não recebem a devida importância, mas são tratados como outras pessoas sem importância" (ibidem, p.65), o que relembra a imagem disseminada pelos cronistas de que os tártaros não respeitavam as distinções hierárquicas e sociais.

CRISTÃOS NAS TERRAS DO CÃ   **115**

Mais do que alertar os soberanos cristãos para a falta de comprometimento dos tártaros com os outros povos com os quais se relacionavam e, assim, as desvantagens que um acordo mútuo de paz poderia suscitar, o franciscano chega a anunciar que o próximo alvo deles era a conquista de toda a cristandade, apontada como a última esperança de resistência, que evitaria a conquista de todo o mundo conhecido.

E, já que exceto a cristandade, não existe no mundo terra que eles não tenham subjugado, por isso se preparam para a guerra contra nós. [...] O dito Cuyuccan, com todos os príncipes, ergueu o estandarte contra a Igreja de Deus e o Império Romano, contra todos os cristãos e os povos do Ocidente, se não fizerem o que ele ordena ao Papa, aos potentados e a todos os povos cristãos do Ocidente. (ibidem, p.70)

Mesmo que contrariando as tendências apostólicas de sua ordem, para Pian del Carpine, não existiria outra saída para os cristãos a não ser uma atitude fundamentalmente bélica: "E já que tencionam destruir toda a terra ou escravizá-la – uma escravidão quase intolerável para a nossa gente, como foi dito acima –, deve-se enfrentá-los com a guerra" (ibidem, p.71-2).

Guilherme de Rubruc declara o mesmo julgamento a respeito dos súditos do Cã: "São tão soberbos a ponto de acreditar que todo o mundo deseja estabelecer paz com eles. Na medida de minhas forças, se me fosse permitido, com certeza eu, em todo o mundo, pregaria a guerra contra eles" (Rubruc, 2005, p.175). Para ele, os rumores da cristianização do Cã e de outros tártaros seriam devidos à tendência dos cristãos nestorianos[18] à supervalorização, já que, segundo o franciscano, eles, "do nada, levantam grandes rumores". E apesar de os heréticos acreditarem que o Cã "só crê nos cristãos, mas quer que todos orem por eles", Rubruc aponta que o tártaro faz todos acreditarem que são seus amigos e lhe profetizarem prosperidade, mas, na verdade, "ele não crê em nada" (ibidem, p.185). O franciscano flamengo, que declara ter sido incentivado a empreender a viagem pelos boatos da

---

18 Sobre os nestorianos e suas relações com os tártaros, cf. Vine, 1937, p.141-69.

116 RAFAEL AFONSO GONÇALVES

conversão de Sartach,[19] diz não saber se o soberano tártaro acreditava em Cristo ou não, mas que a única coisa que pôde verificar era que ele não queria ser "chamado de cristão" e que até parecia que "ria dos cristãos" (ibidem, p.149).

A desesperança na pregação para os povos orientais se deve, em certa medida, à sua grande distinção em relação ao seu exercício junto aos latinos, que, ao contrário dos tártaros, pareciam ser um público apto para receber a Palavra. A prédica, no século XIII, estava em largo desenvolvimento no mundo cristão, já contando com uma teorização desenvolvida e um número crescente de tratados que discorriam sobre o assunto (Maleval, 2008, p.8). Amplamente discutido nas universidades, o exercício da pregação apresentava um vocabulário técnico amplo e uma pauta relativamente fixa de organização, às vezes até com conteúdos e formas específicos para cada tipo de público.[20] A serviço da prédica, havia também todo um arcabouço retórico que almejava persuadir, ou melhor, revelar ao auditor mais claramente a Palavra divina. E as ordens mendicantes tiveram um papel preponderante nessa revalorização da prédica, efetuando-a não apenas no domingo e em dias de festas, mas de maneira contínua em todos os lugares da vida social. Com os frades mendicantes, a pregação tornou-se um verdadeiro "ofício", implicando um aprendizado nos conventos, os quais passaram a ser equipados com centros de estudos e livros sobre o assunto e contribuíram para tornar a pregação uma prática corrente, exercida em variados meios sociais (Bériou, 2002, p.113-27).

O sentimento de frustração que permeia a descrição dos tártaros, ao que parece, está ligado à ideia de que toda essa preparação e esses conhecimentos predicativos acumulados parecem pouco proveitosos para sua conversão. Como indicam algumas referências, foi exatamente o conhecimento prédico que levou inicialmente os religiosos mendicantes a visitarem o continente asiático, sobretudo incentivados pelo papado. Sabe-se que as partidas de João de Pian del Carpine e dos dominicanos André de Longjumeau e Simão de São Quentin foram de-

---

19 Sartach era filho de Batu, neto de Gengis Cã.
20 Cf. Murphy, 1986.

CRISTÃOS NAS TERRAS DO CÃ **117**

signadas diretamente pelo papa Inocêncio IV,[21] tanto com o objetivo de recolher informações sobre os poucos conhecidos invasores quanto para entregar cartas escritas pela própria Santa Sé. Em tais cartas, destinadas aos Cãs, era justificada a escolha específica dos frades mendicantes justamente pelos saberes de que eram dotados, bem como por suas opções apostólicas. Na carta encarregada ao franciscano Lourenço de Portugal, que nunca chegou a completar a viagem até o território tártaro, são explicitadas as razões que o levaram a optar pelos frades mendicantes:

> [...] nós enviamos em nosso lugar os prudentes e discretos homens pelos quais cumprimos a obrigação de nossa missão apostólica. É por essa razão que achamos adequado enviar a vós nosso adorado filho Frade Lourenço de Portugal e seus companheiros da Ordem dos Frades Menores, os portadores desta carta, homens notáveis por seus espíritos religiosos, cativantes em suas virtudes e dotados de conhecimento da Santa Escritura. [...] Nós achamos adequado enviar a vós os mencionados Frades, escolhidos entre outros por serem homens providos de anos de observância regular e bem versados na Santa Escritura, por acreditarmos que eles lhe ofereceriam maior benefício, vendo que eles seguem a humildade de nosso Senhor. (*Bulls...*, 1955, p.74-5)

Embora a carta explique a escolha dos enviados pelo seu conhecimento da doutrina cristã, outras informações levam a crer que mesmo o papado, pelo menos neste momento, não possuía grandes expectativas a respeito do batismo do soberano tártaro. De fato, fazia-se referência à intenção papal de cristianizar o Cã, como mostra a afirmação do dominicano Ascelino de Cremona aos tártaros, quando menciona que isso era "o que o Papa e todos os cristãos desejavam" (Carpine, 2005, p.710). João de Pian del Carpine, ao ser indagado pelo sentinela tártaro sobre as intenções de sua viagem, também anuncia o conselho do papa aos tártaros para "se tornarem cristãos e aceitarem a fé de Deus e de nosso Senhor Jesus Cristo" (ibidem, p.79).

---

21 Sobre o concílio de 1245, que, além de tratar do envio dos religiosos aos tártaros, também discutia outros assuntos que preocupavam a Cúria papal, cf. Pouzet, 1929, p.281-318.

118 RAFAEL AFONSO GONÇALVES

Mas, ao que tudo indica, as maiores preocupações no momento eram outras. Carpine complementa: "além disso, mandava dizer que se admirava da grande matança de homens praticada pelos tártaros, sobretudo de cristãos" (ibidem, p.79). Para muitos viajantes desse período, os tártaros estavam mais inclinados a realizar um ataque repentino contra a cristandade do que a abraçar o Cristianismo. Ao desejo de expandir a cristandade, muitas vezes, sobrepuseram-se os temores a respeito de sua própria sobrevivência. O próprio Carpine, mencionando ao leitor os motivos de sua partida no prólogo do relato, afirma ter efetuado a viagem a fim de, cumprindo "a vontade de Deus, segundo o mandato do senhor Papa", conhecer "verdadeiramente a intenção deles" para depois "mostrá-las aos cristãos, para que não acontecesse que, irrompendo de repente, os encontrassem desprepa-rados" (ibidem, p.29). Podemos dizer, assim, que a intenção do envio das embaixadas era mais se informar sobre um possível ataque tártaro do que uma missão apostólica.[22]

As próprias cartas enviadas mostravam essa atitude hesitante do papado, ou melhor, mais defensiva do que expansionista. Inocêncio IV enviou duas cartas aos tártaros, a *Dei patris immnsa* e a *Cum nom solum* – ambas carregadas por Pian Carpine e uma das quais por Asce-lino. Enquanto a primeira continha a exposição de alguns pontos da fé cristã, sugerindo ao Cã o batismo cristão, a segunda era um apelo para que parassem os ataques aos cristãos e a outras nações,[23] alertando-os sobre um possível castigo divino, mas sem fazer qualquer referência ao batismo. Nessa carta, o papa escreve ao Cã que estava muito surpreso de ouvir que os tártaros "haviam invadido e destruído vários países da cristandade e outros lugares", atacando "com suas mãos sanguinárias as nações vizinhas [...] sem respeitar o sexo nem a idade" (*Lettre...*, 1961, p.127). Na mesma carta, Inocêncio IV também pedia para re-nunciarem "a novas invasões", rejeitando "principalmente perseguir os cristãos", e demandava esclarecimento sobre as razões que os levaram

---

22 Alguns autores também apontam esse objetivo como preponderante nas viagens de Carpine e Ascelino. Cf. Jackson, 2005, p.87-92; Richard, 1998, p.71-2.

23 Ambas as cartas encontram-se traduzidas para o inglês em Dawson, op. cit.

CRISTÃOS NAS TERRAS DO CÃ   119

a "massacrar as nações vizinhas", bem como sobre as suas "projeções para o futuro" (ibidem, p.128).

As cartas do papa buscavam uma espécie de justificativa para os ataques às comunidades cristãs, encarados como verdadeiras atrocidades contra os discípulos da "verdadeira fé". Aliados a outros documentos papais, como bulas intituladas *Cum hora undecima*, esses textos nos sugerem que mesmo Inocêncio IV mantinha certa hesitação sobre a evagelização do império oriental. Essa bula foi escrita pela primeira vez em 1235, pelo então papa Gregório IX, mas foi reimpressa diversas vezes ao longo dos séculos XIII e XIV, a fim de dotar os missionários em terras não cristãs de autoridade para exercer certas ações. As mencionadas bulas, cujos fundamentos eram essencialmente escatológicos, continham longas listas dos povos pagãos que deveriam ser convertidos. Inocêncio IV, em 1245, ano do envio das embaixadas aos tártaros, também reproduziu a *Cum hora undecima*, mas não incluiu os tártaros na lista dos "futuros cristãos". Os tártaros aparecem na listagem contida na bula apenas em 1253, ano da viagem de Guilherme de Rubruc (Schmieder, 2000, p.260).

Partilhando das crenças dos viajantes e de parte de seus contemporâneos, os escritos oriundos da Santa Sé não demonstram, inicialmente, grande esperança no batismo dos invasores orientais. A ideia corrente sobre seus hábitos, e mesmo de sua terra natal, também não contribuiu para a fixação de expectativas mais palpáveis a esse respeito. Se, nesse contexto específico, tal imagem dos tártaros pareceu responder à maior parte das angústias cristãs, sua recorrência não se restringiu às primeiras décadas de sua aparição. No início do século XIV, o dominicano Riccoldo de Monte Croce recorreu essencialmente ao mesmo tipo de descrição para caracterizar os tártaros encontrados em sua estadia nas terras orientais. Esse viajante permaneceu uma dezena de anos na região da Pérsia, podendo conhecer profundamente sarracenos, nestorianos, jacobitas, além, é claro, dos tártaros. Em seu retorno a Florença, por volta de 1300, o dominicano se dedicou a escrever obras inspiradas em sua experiência missionária, cujo objetivo maior era auxiliar outros cristãos a aprimorar a pregação aos diversos tipos de infiéis possivelmente encontrados nas partes orientais.

120 RAFAEL AFONSO GONÇALVES

Em suas obras, sobretudo em sua *Peregrinação* e *Ad nationes orientales*, Monte Croce descreve as principais crenças dos povos orientais e as formas mais precisas de refutá-las. É na última que, após tratar dos principais povos encontrados naquelas terras, o dominicano refere os tártaros, apontando-os como "os mais distantes da salvação de todos" (Riccoldo, 1967, p.167). Para Monte Croce, isso se devia ao fato de eles não possuírem "discernimento, nem lei, a não ser a lei da natureza; como também nenhum templo, nem ninguém que os reúna para causas do espírito" (ibidem, p.162). À semelhança, portanto, dos viajantes citados, esse dominicano indica as características bárbaras dos tártaros, como o impedimento principal para sua inserção na cristandade, pois, diferentemente dos cristãos e de outros povos, eles "não cultivam uma filosofia natural ou moral, nem ética política e nem nutrem nenhum respeito pelos estrangeiros". Embora acredite que alguns até poderiam ser convertidos "por meio do discurso verbal ou demonstração racional, ou mesmo por meio de milagres", e que muitos já tinham professado a fé dos latinos, Monte Croce argumenta ser "quase impossível impor à multidão de mongóis" ritos cristãos, como a "Quaresma ou qualquer outro longo jejum", visto que eles não deixariam de comer carne (ibidem, p.167).

Monte Croce ainda aponta que, "por uma espécie de instinto natural, eles vivem como os brutos e os pássaros, com migrações no inverno e no verão, pois eles temem o calor e o frio" (ibidem, p.81); retoma, assim, a associação entre o estado irracional e o modo de vida nômade levado pelos tártaros.[24] O missionário acredita, como outros viajantes mencionados aqui, que o deserto era o lugar preferido desse "povo horrível e monstruoso", que parece "ter ódio de toda espécie de cidade e de habitação. Cidades, castelos, casas e construções, eles destroem quase tudo" (ibidem, p.79). De acordo com o dominicano, os próprios tártaros "dizem que foi Deus que os fez vir das montanhas e dos desertos, e que lhes enviou seus mensageiros, uma besta e um pássaro do deserto – a saber, uma lebre e uma coruja" (ibidem, p.93).

---

24 No único capítulo sobrevivente de sua obra, David d'Ashby descreve a forma como os tártaros se locomoviam, dando destaque ao aspecto móvel de suas moradias (David, 1958, p.42-3).

CRISTÃOS NAS TERRAS DO CÃ 121

A invasão tártara não é deixada de lado pelo florentino, que narra as conquistas desse "povo de pastores" que "vivia como bestas nos desertos" e se "dedicavam à caça." Os invasores, para Monte Croce, são bárbaros, cruéis, homens desprovidos de qualquer sofisticação militar e que apenas carregam poucas "armas, munidos de bastões, vestidos com peles; alguns portavam somente arcos". Montados em "pequenos cavalos semelhantes a bodes", tinham conquistado todas essas terras. Essas figuras eram de tal modo horrendas que "espalharam um terror tão grande nas regiões do Oriente" ao ponto de, "em várias cidades, só o pavor que seu nome inspirava ser suficiente para fazer as mulheres grávidas abortarem" (ibidem, p.109).

A retomada de uma imagem muito semelhante àquela produzida na primeira metade do século XIII parece ser motivada por um contexto já um pouco diferente daquele dos cronistas e dos primeiros viajantes, que ainda estavam recolhendo as primeiras informações desse povo então totalmente desconhecido. Ao que tudo indica, outro ambiente sustentou essa forma de descrever os tártaros e, por outro lado, também foi explicado pela ação desoladora dos súditos do Cã. Monte Croce desembarcou em São João do Acre em 1288 e permaneceu no continente asiático até meados de 1300, passando a maior parte do tempo em Bagdá, onde aprendeu várias línguas e estudou os fundamentos religiosos de não cristãos. Sob o domínio tártaro, a região em que o missionário se encontrava passava por vários conflitos internos, como disputas religiosas e dinásticas, assim como a paulatina desvinculação do Grande Cã de Catai (Lane, 1989). Com a vitória de Ghazan sobre seus rivais budistas, em 1295, o canato da Pérsia entrou em uma fase decisiva de sua história, visto que ele adotara o islamismo e seus sucessores permaneceram fiéis a essa religião. Templos budistas e igrejas foram transformados em mesquitas, e os cristãos perderam grande parte dos privilégios que gozavam até então, chegando ao ponto de prenderem por algum tempo o patriarca nestoriano Yabhallahâ III (Spuler, 1961, p.63-4).

Nosso missionário testemunhou a maior parte dessas transformações e restrições impostas aos cristãos, que provavelmente o motivaram a retornar para Florença (Gadrat, 2005, p.150). Sua presença nesse ambiente não foi apenas a de um expectador. Em seu caminho de volta, como contam alguns de seus biógrafos, ele chegou a ser assaltado e preso por dois tártaros islamizados, dos quais escapou com dificuldades somente depois de ter conseguido se passar por um condutor de camelos (Dondaine, 1967, p.137-42). Suas desventuras ecoam também em suas obras, principalmente no que toca à descrição dos costumes dos tártaros. Em seu *Ad Nationes*, por exemplo, o dominicano critica o comportamento dos tártaros, advertindo que eles "facilmente se tornam muçulmanos", e que, como ele pôde perceber, "a maioria já foi convertida". Segundo Monte Croce, a conversão tártara estaria ligada à falta de rigor de seus costumes, aderindo "à lei islâmica, porque ela é permissiva". Ao contrário dos cristãos que os exortavam a adotar um modo de vida regrado e, portanto, virtuoso, os muçulmanos não "lhes exigem qualquer austeridade", admitindo "uma vida frouxa e permissiva" (Riccoldo, 1967, p.168). Na sua *Peregrinação*, Monte Croce reafirma essa opinião, sustentando que a predileção pelo islamismo era fruto de uma corrupção comum a esses incrédulos, e esclarece: "os sarracenos os compram e lhes oferecem grandes donativos". Fazendo lembrar o episódio em que foi detido, o missionário completa que, "assim que se tornam sarracenos, [os tártaros] defendem os sarracenos e perseguem os cristãos" (ibidem, p.113).

Ainda que Monte Croce não tenha viajado para além da região onde se localiza Bagdá, ele acreditava que, "em grande parte, os tártaros tinham se tornado sarracenos" (ibidem, p.113). O dominicano não oferece nenhum indício dos mencionados conflitos entre o canato e o império de Catai e, assim como os outros viajantes, projetou o que viu em uma parte do império em toda sua extensão. Mais do que ele, o franciscano Guilherme de Rubruc via os tártaros de todo império, "do Danúbio ao sol nascente" (Rubruc, 2005, p.120), essencialmente da mesma maneira. Croce, porém, procura ser mais exato, e até nota uma divisão dentro dos domínios tártaros. A partilha, no entanto, foi concebida como parte de uma estratégia militar elaborada com o intuito de melhor ocupar a totalidade dos territórios conquistados, que excediam em muito os limites do continente asiático. Após as seguidas vitórias, explica o viajante:

CRISTÃOS NAS TERRAS DO CÃ **123**

Os tártaros fizeram então três corpos de exército. Um corpo com o Grande Cã ocupou o imenso país de Catai, até os limites extremos da Índia. [...] O segundo corpo do exército atravessou as Portas de Ferro; eles deram a volta no Grande Mar e devastaram toda a Gazária, o país dos Blacs, dos russos, dos Albaneses e dos Rutenos. Eles destruíram a Hungria e a Polônia. [...] O terceiro corpo do exército atravessou o Giom ou Fison, um rio do Paraíso e destruíram Khrassan, país do Medes e dos Persas. E eles se apossaram de todos os países, do mar Indiano e do Grande Mar até o Mediterrâneo, e até Gaza. (Riccoldo, 1997, p.105-7)

Ao que tudo indica, Monte Croce acreditou que a adesão ao islamismo teria sido uma conversão que cobria todos seus domínios. Como praticamente todos os viajantes dos séculos XIII e XIV que partiram para as terras tártaras, o florentino visitou apenas uma parte do imenso território dominado, mas, por uma série de fatores, como as histórias que "ouviu dizer", ou mesmo o peso que a submissão política pressupunha, estendeu o que pôde ver para os lugares que pôde imaginar. Tal ampliação ou alargamento certamente levou o frade pregador a localizar os tártaros, dentre outras religiões conhecidas, no lugar mais distante da salvação, seguidos pelos muçulmanos, que, por sua vez, seguiam os judeus, precedidos apenas pelos cristãos heréticos (ibidem, p.163).

Ainda no século XIV, Monte Croce parece compartilhar da opinião exposta por um cavaleiro nas primeiras décadas do século XIII, em uma carta incluída na *Crônica majora* de Mateus Paris. Esse combatente, chamado Guy, vassalo do conde de Melun,[25] escreve não saber dos "Tártaros nada de certo ou que merecesse ser contado", mas acrescenta que podia dizer que não esperava "encontrar fé em pérfidos, humanidade em desumanos, ou caridade em uma raça de cães, a menos que Deus, a quem nada é impossível, opere uma mudança maravilhosa" (Paris, 1840, p.562-3). Tal "mudança", no entanto, não tardou a acontecer, pelo menos aos olhos de alguns que viram nos tártaros um potencial povo cristianizável. Se foi Deus quem a operou – o único capaz, segundo o cavaleiro –, não podemos

---

25 Melun era uma região valorizada pelos nobres franceses, comportando muitas vezes uma das residências reais.

dizer. Resta-nos, então, procurar entender como os próprios cristãos produziram essa transformação.

Deixar-nos-emos conduzir agora por outros caminhos que nos levarão a uma outra faceta dessas terras. Se uma expectativa negativa acerca dos tártaros — tratada nessa primeira parte – fez com que a percepção desse povo e da sua terra fosse relativamente desoladora, essa percepção não foi generalizada entre todos os visitantes cristãos. Houve também uma tendência a valorizar a aproximação entre cristãos e tártaros, uma tendência de tal forma diversa que acabou, como veremos a seguir, por dar lugar a uma visão das partes orientais aparentemente bem diferente daquela vista até aqui.

Os caminhos orientais e os novos ensejos para a cristandade

Desde as primeiras notícias sobre esse povo ainda desconhecido, inúmeros cristãos se interrogaram a respeito de suas características, crenças e intenções, sobretudo aquelas que envolveriam os reinos do continente europeu. Alguns foram adiante e partiram em viagem para obter informações mais precisas, tateando ainda os contornos que davam forma aos súditos do grande império oriental. Variados autores se dedicaram, assim, a descrever os tártaros e trouxeram diferentes perspectivas e julgamentos a partir do que puderam ver nas terras de lá. Se alguns enfatizaram uma imagem de homens incultos que preparavam um iminente ataque, outros, diferentemente, enxergaram nos tártaros futuros cristãos, aliados contra os muçulmanos, até ao ponto de serem considerados nobres senhores de grandes e belas cidades. Essa imagem, evidentemente, não é fortuita e nem se deu de imediato, mas foi construída a partir das impressões, obtidas na viagem, das expectativas que os viajantes possuíam deles próprios, além de um variado repertório de informações e crenças que esses homens carregavam dentro de si para qualquer lugar onde pudessem chegar.

Após as primeiras notícias, logo chegaram indícios de que os tártaros poderiam ser uma esperança para velhos problemas cristãos. Já

CRISTÃOS NAS TERRAS DO CÃ **125**

em 1248, o rei do Chypre e os barões cristãos do reino de Jerusalém receberam uma carta, escrita de Samarkando por Sempad, condestável[26] da Armênia, na qual eram reportadas informações animadoras para aqueles que se inquietavam com a proximidade dos tártaros. Sempad declarava, por exemplo, sua admiração pela quantidade de cristãos e igrejas espalhadas nas partes orientais, onde ele pôde ver "a figura de Jesus Cristo pintada, com os três reis lhe oferecendo ouro, mirra e incenso". Acreditando que essas igrejas eram frequentadas por todos os tártaros, Sempad anunciava na carta que o "Cã, os reis dos Tártaros e sua gente" teriam se tornado cristãos. Na correspondência, todavia, o nobre armênio também descrevia as ruínas provenientes das invasões, como "muitas cidades que os tártaros tinham atacado [...] e mais de cem mil grandes e admiráveis montes de ossos daqueles que os tártaros tinham massacrado e assassinado" (*Letter of Sempad*, 2005, p.262-3).

O cronista Mateus Paris, um dos grandes difusores das informações acerca dos tártaros (Connolly, 1999, p.598-622), como também um de seus maiores críticos, divulgou do mesmo modo a notícia da conversão do Cã, que teria chegado aos ouvidos cristãos em 1249. Carente de dados mais precisos, Paris aponta que "rumores", cuja verdade ele não podia "garantir − apesar das vistosas cartas sobre esse assunto endereçadas ao senhor rei [da França] −, espalharam a notícia de que o rei dos tártaros tinha se convertido à fé cristã" (Paris, 1840, p.491). O cronista inglês anuncia igualmente as esperanças que essa conversão suscitava, principalmente no que se refere à possibilidade de uso da sua força avassaladora no combate ao inimigo muçulmano. No mesmo ano, segundo ele, o soberano tártaro endereçou

> [...] palavras de consolação e de amizade ao senhor rei da França [...], animando-o e exortando-o a atacar poderosamente e com confiança os Sarracenos, a fim de expurgar suas imundices da terra do Oriente, prometendo-lhe também auxílio rápido e eficaz, como convém a um fiel católico e a um recém-batizado. (ibidem, p.500-1)

---

26 "Condestável" era o título dado ao comandante da força armada. Geralmente, o condestável era também encarregado de intermediar os problemas entre os cavaleiros ou nobres.

126 RAFAEL AFONSO GONÇALVES

Estimulado pelas notícias, o então rei da França, Luís IX, enviou um grupo de dominicanos, encabeçado por André de Longjumeau,[27] ao encontro do Cã Güyük; seguiam estes incumbidos de entregar ao tártaro suas cartas de felicitação e uma "capela muito preciosa com relíquias que estimava muito" (ibidem, p.501). Entretanto, quando os frades pregadores chegaram ao Império tártaro, por volta de 1250, Güyük estava morto (Richard, 1998, p.76), por isso, acabaram recebendo apenas respostas negativas dos acordos, além de um convite de submissão.

Tal esperança de um auxílio quase que providencial nas guerras contra os sarracenos não era, entretanto, uma novidade. Já no início do século XIII, por volta de 1220, as notícias sobre algumas derrotas sofridas pelos muçulmanos frente a um povo asiático foram recebidas com grande alegria pelos cristãos, que cogitaram tratar-se de uma iniciativa de homens adeptos de sua mesma fé. Em um período em que grande parte da atenção dos cristãos estava voltada para a luta contra os infiéis da Terra Santa, os ataques contra os muçulmanos ecoaram como uma ação de um reino cristão oriental, supostamente comandado pelo famoso Preste João[28] ou mesmo por um cristão conhecido como "Rei David" (Jackson, 2005, p.138). Após a invasão dos territórios cristãos por esses mesmos guerreiros asiáticos, no entanto, o império do Cã foi geralmente dissociado dos mencionados reinos míticos cristãos, que, muitas vezes, foram até descritos como sobreviventes da fúria tártara.[29]

Contudo, mesmo depois da frustrada viagem de André Longjumeau, as expectativas de um aliado contra os muçulmanos permaneceram, e é possível notar reminiscências destas pouco tempo depois.

---

27 Algumas referências sobre essa viagem, que seria a segunda empreendida por André de Longjumeau, encontram-se em Guillaume de Nangis. Disponível em: <http://gallica.bnf.fr/>. Acesso em: 15 fev. 2010.

28 Há uma grande quantidade de livros e artigos publicados sobre o lendário rei cristão. Citaremos apenas alguns: Beckingham, 1996; Silverberg, 1996. Richard, [s.d.].

29 Como veremos a seguir, não faz Marco Polo essa dissociação, caracterizando o Preste João como um antigo Cã. Já Pian del Carpine descreve o reino do Preste João como um dos poucos que resistiram ao ataque tártaro.Cf. Carpine, 2005, p.50.

CRISTÃOS NAS TERRAS DO CÃ **127**

A tomada de Bagdá, em 1258, foi um dos fatores que alimentou o desejo cristão de realizar um acordo com os tártaros. A conquista da importante cidade muçulmana foi tão bem recebida que se tornou um verdadeiro "feito" entre os cristãos, o que rendeu grande renome a Mangu, neto de Gengis Cã, principalmente pelo tratamento dado ao califa islâmico. O peregrino alemão Ludolph de Sudheim ainda relembrava tal conquista em seu relato, *O caminho da Terra Santa*, escrito em meados do século XIV. Sudheim conta que, após sitiar a cidade, Hulagu, enviado por seu irmão Mangu para conquistar a cidade muçulmana, ficou admirado com o imenso tesouro guardado no palácio do califa. Intrigado com o fato de uma cidade tão rica carecer dos guardas essenciais para sua proteção, Hulagu indagou o califa sobre por que ele não havia fortificado melhor a cidade com a contratação de mercenários. O califa respondeu que seus conselheiros haviam lhe dito que as mulheres existentes na cidade eram suficientes para sua defesa, o que dispensaria o gasto com outros homens. Indignado com a avareza do muçulmano, o tártaro mandou trancafiá-lo em seu palácio com todo seu ouro, pérolas e pedras preciosas, dizendo-lhe: "uma boca que proclama uma tal lei e uma tal doutrina [a de Maomé] deve comer tais objetos preciosos" (Sudheim, 1997, p.1055). Preso em seu palácio apenas com seu tesouro, como conta o peregrino, o califa morreu de fome quinze dias depois.

Algumas negociações e encontros entre cristãos e tártaros, como aquele no concílio de 1274, intermediado pelo dominicano David d'Ashby, foram levadas a cabo com o objetivo de firmar um acordo para efetivar o grande ataque simultâneo. Todas as negociações fracassaram, segundo alguns historiadores, devido à posição de submissão que a cristandade incontornavelmente teria em relação ao império tártaro.[30] Para o peregrino Ludolph de Sudheim, todavia, o malogro da união se teria dado por outros motivos: Mangu só não tinha

---

30 Cf. Jackson, 2005, p.165-73. Para Denise Aigle (2009), diferentemente, as negociações nesse período foram estimuladas não por uma "abertura mongol", mas pela intervenção dos cristãos orientais que, utilizados para intermediar o diálogo por problemas linguísticos, teriam intentado, por meio de traduções tendenciosas, uma aproximação entre tártaros e cristãos em prol de um favorecimento próprio.

128 RAFAEL AFONSO GONÇALVES

conquistado a Terra Santa dos sarracenos porque "foi impedido pela morte" (ibidem, p.1054), e não por uma discórdia entre os objetivos cristãos e os tártaros. Como a versão do peregrino sugere, o fracasso dos acordos de união não impediram que o prestígio adquirido pelo soberano tártaro permanecesse entre os reinos da cristandade, tanto pela conquista da importante cidade muçulmana quanto pela esperança suscitada da retomada da Terra Santa. Nesse contexto, não demoraria para que novas notícias anunciassem o interesse do grande Cã em abraçar o cristianismo.

Se Mangu, morto em 1259, não pôde realizar o desejo dos cristãos, seu sucessor e irmão, Qubilai, canalizou as expectativas em torno do seu supostamente desejado batismo. As notícias aparentemente mais divulgadas e consideradas sobre suas intenções religiosas foram trazidas pelos renomados mercadores italianos Matteo e Niccolo Polo. Após residir alguns anos entre os tártaros, os irmãos venezianos tiveram a oportunidade de se encontrar pessoalmente com Qubilai, que os recebeu, como nos conta Rustichello,[31] muito amavelmente em sua corte. Admirado com a qualidade das repostas dadas às suas indagações e com o domínio da língua tártara demonstrado pelos mercadores, o Cã os encarregou de uma embaixada junto ao papa. Foi solicitado, então, que os irmãos trouxessem da cristandade "cem homens letrados e bem familiarizados com os princípios da religião cristã e ao mesmo tempo com as sete artes", capazes de discutir com os homens instruídos de seus domínios. Qubilai desejava saber, a partir de "argumentos apropriados e dados", se "a fé fundada pelos cristãos é superior e baseada numa verdade mais evidente do que qualquer outra", e se, assim, "os deuses dos tártaros, como os ídolos que abrigavam seus lares, não eram mais do que espíritos malignos, que eles, e em geral todos os povos do Oriente, cometiam um erro em venerá-los como divindade" (*O livro...*, 2000, p.23-4).

---

31 Rustichello de Pisa é um romancista italiano que, além de ser conhecido por escrever a versão original das *Viagens de Marco Polo*, seu companheiro de cela em Gênova durante a Guerra de Meloria, em 1284, é conhecido também pela composição do *Roman du roi Artus*, escrito entre 1272 e 1298 em língua francesa. Cf Ruby, 1992, p.1323-4.

CRISTÃOS NAS TERRAS DO CÃ **129**

Ao regressar à cristandade em 1269, os irmãos Polo levaram ao conhecimento do papa o desejo do Cã. Após um ano, eles partiram de volta ao império oriental com o objetivo de atender ao pedido de Qubilai, e para isso incluíram em seu grupo os dominicanos Nicolas de Vicenza e Guilherme Trípoli, "homens de tanta ciência e letras, como instruídos em teologia", além, é claro, do jovem filho de Niccolo, Marco. Mas os frades não chegaram a alcançar o território tártaro, pois após presenciarem um ataque muçulmano quando estavam em Liassus, e "temendo pelas suas vidas, os dois frades resolveram não continuar aquela viagem e, depois de confiarem aos venezianos as cartas e presentes que o Papa lhes entregara [...] regressaram ao litoral marítimo" (ibidem, p.27). As viagens dos irmãos Polo, pois, a despeito dos insucessos posteriores, parecem sugerir a persistência da esperança em uma atitude favorável dos soberanos tártaros em relação à cristandade, selada pelo batismo de todos os súditos do Cã.[32] Além disso, o suposto desejo do Cã em receber a doutrina cristã, anunciado por Matteo e Niccolo,[33] bem como o interesse do tártaro em debater assuntos religiosos com homens "letrados" e "razoáveis", nos faz pensar que ele supunha que o batismo dependeria do seu julgamento racional da doutrina mais coerente.

Essa visão aprazível do chefe tártaro foi alimentada graças à grande admiração dos viajantes venezianos pelo "reino" dos tártaros, que, desde a subida ao poder de Qubilai Cã, em 1261, localizava suas principais habitações nos territórios conquistados da China. Há muito

---

32 James D. Ryan enfatizou em seus estudos o que seria uma "mudança de atitude" dos Cãs em relação aos cristãos. Para o estudioso americano, a presença missionária no Oriente teria ocorrido, principalmente, por essa suposta mudança das perspectivas mongóis, que teriam estimulado os contatos com a cristandade. Enfatizando, assim, os fatores que atuariam fora dos limites da cristandade, ele acredita que o que teria possibilitado o ímpeto mendicante das missões aos infiéis no Oriente teria sido essa "abertura" do Império tártaro. Cf. Ryan, 2000, p.251-2; 1997, p.150-1.

33 Peter Jackson coloca em questão se o desejo de Qubilai de se tornar cristão teria sido realmente anunciado pelo Cã. Jackson sugere que tal fato teria sido narrado apenas para aumentar o crédito dos irmãos Polo diante dos europeus em seu retorno. Cf. Jackson, 2005, p.257.

tempo, a propósito, a China vinha sendo alvo de ataques dos guerreiros tártaros; o próprio Gengis Cã já realizava incursões sobre o território chinês nas primeiras décadas do século XIII e tinha falecido, segundo os estudiosos, após sofrer uma queda durante um desses ataques. Somente após as campanhas de 1276 e 1279, entretanto, é que os tártaros conseguiram dominar toda a China, substituindo a antiga capital do império, Caracorum, pela grande cidade chinesa conhecida como Cambalic, atual Pequim.

A presença tártara nos grandes centros urbanos que cobriam as terras do leste asiático contrastou com aquela imagem que retratava os domínios do império oriental como um "mar" de desertos e montanhas inacessíveis aos homens. O conhecido Marco, filho de Niccolo Polo, percebeu a possível inconsistência entre o que ouvia sobre a terra natal tártara e o que pôde ver em sua viagem e procurou explicá-la. Segundo o veneziano, os tártaros habitavam inicialmente as grandes planícies asiáticas, "sem possuir povoações ou praças fortificadas", e onde não havia rei, a não ser um homem para o qual pagavam tributo, conhecido como Onchan, mas "que alguns creem" ser "o Preste João" (ibidem, p.84). Esse homem temia que o crescimento da população que ocupava aquelas terras pudesse representar uma ameaça a seu poder e resolveu dividi-la em províncias, deportando seus súditos para regiões distantes. Os habitantes, negando serem separados pelo impiedoso rei, resolveram se refugiar em um lugar distante, onde não precisariam temer nenhuma represália do monarca. Assim, eles fugiram para os desertos do Norte, região em que "elegeram como seu rei um homem de provada integridade, grande sabedoria, convincente eloquência e notável valor, chamado Chingis-Kan", que liderou os exércitos tártaros na vitória contra o injusto Preste João e nas conquistas de inúmeras províncias e cidades (ibidem, p.84-5).

Marco Polo explica dessa forma aquilo que virá, justamente, a ser um dos grandes pontos de interesse de muitos viajantes ocidentais: as grandes cidades e populações que preenchiam o território dominado pelos tártaros. A descrição dos grandes centros urbanos foi recorrente nesses relatos e se tornou uma das bases estruturantes da imagem dos tártaros. O franciscano João de Montecorvino, no início do século

CRISTÃOS NAS TERRAS DO CÃ **131**

XIV, se mostrou bastante admirado com as grandes possessões do Grande Cã. "Segundo vejo e ouço", comenta o viajante por meio das principais formas de afirmação da verdade utilizadas nos relatos, "creio que nenhum rei no mundo pode igualar-se ao senhor *Chaam* na extensão do território, no número da população e na grandeza das riquezas" (Montecorvino, 2005, p.262). As cidades, cada vez mais crescentes na cristandade dos séculos XII, XIII e XIV, já eram percebidas como os grandes centros de acumulação humana (Zumthor, 1994). As regiões conhecidas pelos viajantes como Província de Manzi e a de Catai, respectivamente, na parte meridional e na parte norte do extremo leste do continente asiático, abrigaram as grandes cidades do império tártaro. A associação entre grandes populações, cidade e riqueza – tanto abundância alimentícia como mineral – é recorrente nas menções a essas regiões. Odorico de Pordenone, um franciscano que permaneceu cerca de quinze de anos em missão na Ásia e nos legou seu relato de viagens, datado de 1330, utiliza exemplos de seu mundo conhecido para medir a grandiosidade das cidades chinesas e autenticar esse tópico (ibidem, p.113) de descrições citadinas.

> [...] a província de Manzi tem bem duas mil grandes cidades, e todas são tão grandes que nem Treviso nem Vicenza seriam colocadas no número delas. Por isso, naquela região a multidão é tão grande que, entre nós, isso parecia quase incrível. Ali há quantidade de pão, vinho, carnes, peixes, arroz e de todos os alimentos que os homens usam no mundo. (Pordenone, 2005, p.312)

As grandes medidas de Manzi são também descritas por Jean de Marignolli em meados do século XIV. Esse franciscano, enviado a fim de substituir o então falecido João de Montecorvino no bispado chinês, escreveu, a pedido do imperador do Sacro Império, Carlos IV, uma história universal em que utilizou suas experiências de viajante para auxiliá-lo. Em sua descrição sobre a mencionada província, são preservados os atributos que se referem ao número de habitantes, às cidades, e às abundâncias que poderiam ser encontradas. Segundo esse franciscano, Manzi "possui cidades e povos inumeráveis e isso seria

132 RAFAEL AFONSO GONÇALVES

inacreditável a nossos olhos, se eu não tivesse visto a abundância de todas as coisas e frutas, as quais nunca se produziram nas terras latinas, e trinta mil grandes cidades, sem contar os povoados[34] e aldeias de número infinito" (Marignolli, 2009, p.48).

A grande maioria das descrições de grandes populações, todavia, refere-se às duas principais cidades da região de Catai: Cambalic e Camsay.[35] A última, antiga capital da dinastia Sung,[36] pode ser considerada um dos lugares que exigiram dos viajantes maiores esforços para traduzir em formas mensuráveis seus predicados. Nesse caso, Jean de Marignolli utiliza o advérbio indicativo de maior intensidade ou quantidade em todos os tópicos que envolviam a descrição dessa cidade: "mais admirável, mais bela, mais rica e maior, com uma população mais numerosa, e com mais riquezas e delícias, edifícios e sobretudo de templos de ídolos – onde habitam juntos entre mil e dois mil religiosos – que qualquer outra cidade do mundo" (ibidem, p.48). O empenho na descrição de Camsay é semelhante ao que se nota no relato de Odorico de Pordenone. No entanto, esse viajante ressalta a incompletude do que podia dizer, não propriamente por sua falta de habilidade na escrita ou a imprecisão do seu olhar, mas porque não contava com muito espaço, pois "se alguém quisesse narrar a grandeza desta cidade e as grandezas e admiráveis coisas que nela existem, um bom caderno de estação não poderia contê-las" (Pordenone, 2005, p.318). O franciscano, ainda assim, procura traçar uma imagem da cidade ressaltando seu tamanho e sua habitação: "É a maior cidade que existe no mundo, com bem cem milhas de circunferência. Nela, não há um palmo de

---

34 Aqui o viajante diferencia *cité* de *ville*. A palavra *ville*, em francês antigo, designa no século XIII cidades, aldeias, como também um castelo fortificado. *Cité* já aparece como uma palavra de estilo nobre, que se refere mais a um habitat coletivo e amuralhado. A muralha, no entanto, não pode ser um critério de diferenciação, visto que havia cidades sem muralhas e aldeias fortificadas. Assim, é difícil estabelecer uma distinção clara entre os dois termos. Cf. Zumthor, 1994, p.110; Le Goff, 1992, p.42-3.

35 Podem-se encontrar variações no nome dessa cidade em outros relatos, como Campsay, Cansay, Cassay.

36 Capital dos Sung desde 1132, essa cidade foi conquistada pelos tártaros em 1276.

CRISTÃOS NAS TERRAS DO CÃ **133**

terra que não esteja habitado, e muitas vezes haverá alguma casa com bem 10 ou 12 famílias" (ibidem, 316).

Não tão rica em alimentos, mas também grandiosa em extensão e população é a cidade de Cambalic descrita pelos viajantes. "Capital" do império tártaro, a visita a essa cidade tornou-se quase incontornável, sobretudo a partir do final do século XIII, quando os viajantes começaram a construir laços mais duráveis na corte do Grande Cã de Catai. Com seu desenvolvimento na cristandade medieval, especialmente em seus séculos mais tardios, as cidades representavam segurança e controle dos homens e mercadorias que por elas circulavam. Muralhas, torres e fortificações simbolizavam o poder, a grandeza e a segurança que as cidades poderiam oferecer aos seus habitantes (Zumthor, 1994, p.119).

Em Cambalic, a presença do soberano e sua armada potencializaram ainda mais seu *status* de fortificada e extremamente segura, provocando comentários de surpresa e admiração proferidos pelos viajantes. Ao avistar a grande população e a arma da cidade, o Bispo de Sultania procurou medir um pelo outro: "É tão vasto o número de pessoas que só os soldados encarregados de manter vigilância na cidade de Cambalic são 40 mil homens" (Soltania, 2005, p.97). O franciscano Jean de Marignolli também destaca a admiração que essa cidade lhe suscitou, mas, ao contrário de utilizar palavras, é por meio de seu silêncio que expressa sua admiração: "Nós chegamos em Cambalic, onde fica a sede suprema do império do Oriente, pela qual eu passei em silêncio, vendo a inacreditável grandeza e população, assim como sua organização militar" (Marignolli, 2009, p.35).

A insistência, aqui, na importância das descrições citadinas deve-se não apenas ao valor que o espaço urbano adquire no período para a sociedade de um ponto de vista geral, mas ao papel central que ele desempenhou na trajetória das ordens mendicantes, especialmente como o lugar mais adequado para cumprir suas principais propostas espirituais. Nos séculos XIII e XIV, as cidades já se definiam em termos que implicam, de maneira geral, a presença ativa do homem, não mais apenas como o lugar para o intercâmbio de bens e manipulação da moeda, mas também o lugar para o exercício de funções necessá-

134 RAFAEL AFONSO GONÇALVES

rias para o bem-estar e a salvação coletiva.[37] Os frades mendicantes, principais frequentadores das rotas orientais, foram especialmente sensíveis à existência dos grandes centros urbanos. Eles se inspiraram nos apelos de seus fundadores, Domingos e Francisco de Assis, para lutar contra a heresia; para ambos, na luta contra o dinheiro, a cidade pareceu o campo mais apropriado para a atuação de ambas as ordens, dos Menores e dos Pregadores. A localização dos conventos mendicantes já sugere a importância crescente atribuída pelos frades às cidades, que, em meados do século XIII, passaram a abrigar sua maior parte no interior das muralhas, diferentemente do que acontecia no início do século XIII, quando os conventos mendicantes europeus ainda se localizavam fora delas.[38]

A posição privilegiada dos conventos não indica apenas uma valorização da presença dos mendicantes pelos citadinos, visto que esses religiosos não podiam comprar as áreas que a eles eram doadas, mas também a valorização da cidade dentro de seu projeto evangelizador. Com seu desenvolvimento ao longo do século XIII, essas ordens começaram a empreender estudos detalhados dos diversos meios urbanos, a fim de escolher os que ofereciam melhores condições de implantação de conventos. Quantidade populacional e seu estado espiritual, bem como as possibilidades de subsistência dos frades, foram critérios que contaram para a viabilização e a fixação dos mendicantes em uma determinada região. E mesmo depois da escolha das cidades consideradas mais adequadas, a construção dos conventos não se efetuava de maneira aleatória, era realizada uma verdadeira quadriculação na rede urbana para determinar a área de atuação do convento (Le Goff, 1992, p.47).

A preocupação em determinar limites precisos deve-se em grande medida à possibilidade de um convento franciscano e outro dominicano instalarem-se lado a lado, o que estimularia disputas e rivalidades entre ambos. Não apenas as doações aos religiosos seriam concorridas, pois o ideal de mendicância supunha a dependência aos homens que os circundavam, mas também o público que ouvia os sermões e as pre-

---

37 Cf. Zumthor, 1994, p.112-35.
38 Sobre os conventos mendicantes, cf. Bertrand, 2004.

CRISTÃOS NAS TERRAS DO CÃ 135

gações que os mendicantes realizavam no seio do espaço urbano. Por esse motivo, a bula *Quia plerumque*, de 28 de junho de 1268, unificou diversas medidas a esse respeito, estabelecendo que cada convento deveria ser construído a menos de trezentas "varas" em linha reta (cerca de 500 metros) do convento mendicante mais próximo (ibidem, p.48).

Os relatos de viagem não dizem nada a respeito dessas determinações, mas as tentativas de metrificação da área urbana e as estimativas de números populacionais das cidades visitadas, como pudemos verificar anteriormente, indicam o interesse em estimular o desenvolvimento das ordens naquelas terras. A comparação estabelecida pelo franciscano Odorico de Pordenone entre as cidades da província oriental de Manzi e as cidades italianas de Vicenza e Treviso – tão pequenas em relação às orientais que nem entrariam na conta – pode sugerir a necessidade do desenvolvimento da ordem na província tártara, principalmente se levarmos em consideração que as cidades europeias, mesmo muito menores, já possuíam conventos franciscanos. Se as cidades italianas desse porte possuíam conventos, por que não construí-los nas cidades das partes orientais, que, por seu tamanho e riquezas, poderiam oferecer melhores condições de subsistência e um campo de atuação muito mais vasto? Já familiarizados com os espaços urbanos europeus, entendidos como regiões propícias para a realização dos preceitos de sua ordem, sobretudo a pregação, os viajantes mendicantes sublinharam as possibilidades de sua atuação nas cidades tártaras.

A viagem em direção à China e ao leste asiático também contribuiu para o conhecimento de outras terras recheadas de grandes cidades e homens, em número que muitas vezes excedia a quantidade encontrada nos reinos Europeus. O conhecimento da Índia – consequência das tentativas de penetração no espaço chinês – (Loenertz, 1932, p.47), realçou, por exemplo, a ideia de que haveria uma grande variedade de povos nas partes orientais, muitos dos quais também contavam com amplos espaços urbanos e populações vastas. João de Montecorvino afirmou que a "terra da Índia [...] é muito habitada e há nela grandes cidades" (Montecorvino, 2005, p.254). Em seu *Relatório*, Odorico de Pordenone nos conta que, na região "onde o boi é adorado como deus", existe uma cidade em que "há tais e tantas mercadorias, que a

136 RAFAEL AFONSO GONÇALVES

muitos pareceria incrível". (Pordenone, 2005, p.300). A identificação de grandes populações e cidades não para por aí, estendendo-se por outras regiões, como a Etiópia, considerada pela maioria dos viajantes como parte da Ásia, onde muitos achavam também que se localizava o reino do famoso Preste João.[39] O dominicano Jordan Catala de Sévérac, que partiu para o continente asiático por volta de 1320 com quatro companheiros franciscanos,[40] comparou a população da Etiópia com a da cristandade, ressaltando sua grande diferença. Sévérac afirma, "sem mentir", que o povo da Etiópia "é ao menos três vezes maior que toda nossa cristandade" (Sévérac, 2005, p.293).

Mensageiros e missionários entre dois mundos

O conhecimento desses diversos povos e lugares está ligado, em larga medida, ao aumento do número de rotas utilizadas pelos viajantes que, diferentemente daquelas percorridas por Carpine e Rubruc, alinhadas entre o Norte do Cáspio e a cidade de Caracorum, ao norte do deserto de Gobi, tinham como principal fim o acesso ao território chinês. Os tártaros tinham aberto duas das três rotas de comércio que ligavam as duas extremidades do mundo conhecido de então (Power, 1968). Uma delas, a rota do Egito, estava ainda sob o domínio muçulmano, o que dificultava a passagem dos mercadores e outros viajantes cristãos. As outras duas foram as mais utilizadas: a primeira, essencialmente terrestre, cortava o interior do continente asiático a partir da região do Mar Negro e, passando um pouco abaixo das estepes percorridas pelos primeiros viajantes, chegava a tocar o noroeste do que seria hoje a China, em direção à Mongólia; além de caminhos terrestres, a segunda contava também com grandes percursos marítimos, contornando do Golfo Pérsico à península indiana, até chegar ao Mar da China (Macedo, [s.d.], p.5).

---

39 Sobre o reino da Etiópia e sua relação com o suposto rei cristão, cf. Ross, 1968, p.174-94.

40 Cf. Gadrat, 2005, p.44.

CRISTÃOS NAS TERRAS DO CÃ **137**

A primeira rota foi bastante utilizada por mercadores, como sugere o manual para comerciantes escrito por Francesco Balducci Pegolotti, o que não excluiu a frequência de frades missionários, como a do franciscano Pascal de Vitória. Esse caminho permitia a passagem de grandes caravanas, além da economia de até um ano e meio em relação à rota marítima, que em média levava dois anos para atingir a China (Power, 1968, 137-8). O itinerário terrestre, entretanto, tinha a reputação de ser a via mais perigosa para se chegar à China, provavelmente porque sua região de acesso, no Nordeste da Europa, conhecida como Horda do Ouro, esteve em frequentes guerras, além de conhecer entre 1257 e 1266 um Cã muçulmano, Berke, que pode ter impedido a passagem dos viajantes cristãos. Pascal de Vitória conta, em sua carta de 1338, que, quando passava por essa região, a caravana "com a qual [...] viajava parou no caminho das cidades dos Sarracenos, por medo da guerra e das pilhagens" que resultaram dos conflitos iniciados quando um "Imperador dos tártaros foi assassinado por seu irmão natural" (Vittoria, 2005, p.86). No início do século XIV, Montecorvino já afirmava que "o caminho mais curto e seguro é pelo território [...] do imperador dos tártaros do norte", mas não tinha optado por ele, porque o itinerário não era "seguro devido às guerras" (Montecorvino, 2005, p.260-1).

A via que mesclava caminhos terrestres e marítimos, embora tivesse menos conflitos, não os livrava dos perigos. Montecorvino aconselhava os viajantes a tomarem a rota terrestre quando esta não estivesse em guerra, pois o outro percurso "é longuíssimo e perigosíssimo, com duas navegações" (ibidem, p.261). Outro franciscano, Jean de Marignolli, também afirma ter escolhido a rota marítima, porque "a outra via por terra estava fechada por causa das guerras e absolutamente nenhuma passagem estava aberta", mas quase encontrou a morte (Marignolli, 2009, p.48). Segundo ele, sua embarcação passou "por uma tal tempestade que sessenta vezes ou mais" foram "engolidos pela água até as profundezas do mar", conseguindo escapar "unicamente graças a um milagre divino" (ibidem, p.49). A verdade é que, pela extensão da viagem, e as condições com que

138 RAFAEL AFONSO GONÇALVES

podiam contar,[41] qualquer uma das rotas apresentava um perigo imenso, e alguns viajantes, como Marco Polo e o próprio Marignolli, foram por uma e voltaram por outra.

Percorrendo esses diferentes caminhos, os missionários puderam conhecer diversas regiões nunca avistadas antes pelos europeus, como várias ilhas que circundavam o continente, além, é claro, dos lugares de que já possuíam alguma notícia, como a Índia e o suposto país da Etiópia (Power, 1968, p.141). O interesse que os levava a passarem e, algumas vezes, a permanecerem nessas terras – que nem sempre contava com a presença de um grande soberano – estava ligado ao fato de que cada vez mais os frades não partiam como mensageiros do papa, encarregados de intermediar as relações entre a Santa Sé, ou um rei, como é o caso de André Longjumeau e o soberano tártaro. Partiam antes como religiosos que, vendo nas terras orientais uma possibilidade de cumprir preceitos disseminados pelas suas ordens, viajavam por iniciativa individual ou de sua congregação religiosa.[42] As primeiras viagens aos domínios tártaros, notadamente, aquelas efetuadas por André de Longjumeau, João de Pian del Carpine e Ascelino de Cremona, eram, prioritariamente, o resultado do cumprimento de um desejo papal. Enquanto os dois primeiros primavam por entregar as cartas nas mãos do tártaro, o último afirma que "não tinha nenhuma ordem de encontrar o Cã" (*Voyage...*, [s.d.], p.76), o que, segundo o próprio São Quentin, "ia contra o costume ordinário dos embaixadores" (ibidem, p.75).

Tais religiosos viajavam como embaixadores, ou melhor, como *nuncii*, termo latino mais comumente utilizado por esses viajantes quando eram questionados sobre suas identidades. Esse termo é geralmente

---

41 Sobre o aparato material e os problemas recorrentes nas viagens, cf. Rowling, 1971; Verdon, 1998.

42 A ênfase na iniciativa individual e das ordens mendicantes é explorada pelo historiador americano James Ryan. Ao contrário dos autores que se aproximam da perspectiva de Jean Richard, que atribui ao papado o papel central das missões ao Oriente, James Ryan tenta mostrar em diversos estudos que o projeto missionário partia mais das referidas ordens do que da Sé apostólica. Cf. Ryan, 2003; 1997. Também sobre essa discussão, cf. Jackson, 2005, p. 261-2.

CRISTÃOS NAS TERRAS DO CÃ **139**

traduzido em edições modernas de línguas vernáculas como "embaixador" ou "enviado", ou mesmo pelo seu derivado atual "núncio", referindo-se ao prelado encarregado de representar, de forma permanente, o papa perante um governo estrangeiro.[43] Mas o termo utilizado no século XIII guarda pouca semelhança com seus correspondentes modernos, pois, diferentemente do embaixador moderno, o *nuncius* não representava necessariamente um poder soberano; também significava mais do que o termo "enviado" sugere e, apesar da semelhança entre a definição moderna e as viagens por nós tratadas, os *nuncii* do medievo não se restringiam ao uso papal, nem necessariamente eram enviados para fora de um reino ou para fora da cristandade, sendo muitas vezes utilizados para a comunicação entre nobres, e, diferentemente do núncio moderno, não havia no século XIII um cargo permanente designado para o *nuncius*.

Esse termo, nascido no século XII, tornou-se predominante no século XIII para a designação de mensageiros – "carregadores de mensagens" –, dividindo espaço com outras designações, como *embaixator* e *orator*, termos abrangentes que possuíam no período significados bastante semelhantes (Queller, 1967, p.3). A função básica de um *nuncius* era fazer a comunicação de uma mensagem entre duas pessoas, principalmente por meio de cartas. Mas sua tarefa não se restringia apenas à entrega dos textos: além do dever de proteger a mensagem diante dos perigos e chances de extravios no decorrer do itinerário, deveria também explicar qualquer mal-entendido a respeito de seu conteúdo, explorando possíveis tratados e alianças (ibidem, p.14). O *nuncius*, podemos dizer, fazia parte da própria mensagem, complementando seu conteúdo e podendo ampliar pontos tratados, e vice-versa. E é por essa complementaridade que o franciscano João de Pian del Carpine afirma que a mensagem de Inocêncio IV havia sido mandada tanto por seu "intermédio como por suas cartas" (Carpine, 2005, p.79).

Ao destinatário, os *nuncii* representavam aqueles que os enviaram, falando não apenas em seu nome, mas como a própria pessoa do reme-

---

43 Definição extraída do *Dicionário Larousse*. [S.l.]: Nova Cultural, 1992, p.796.

140 RAFAEL AFONSO GONÇALVES

tente.[44] Em seu significado legal para os homens dos séculos XIII e XIV, o "carregador da mensagem" não existia como uma pessoa distinta de quem o enviou, muitas vezes recebendo as honras cerimoniais que o próprio *sender* receberia. Alguns *nuncii* da Santa Sé apostólica chegavam a utilizar o manto papal e montar um cavalo branco, símbolos do sumo pontífice, ao chegar a seu destino (Queller, 1967, p.10). Devido às circunstâncias das viagens e o longo trajeto percorrido, o que demandava muitos cavalos para travessia, nossos viajantes não receberam tais honrarias. Mas tais impeditivos, ao que tudo indica, não diminuíram a representatividade dos frades, como sugere a carta endereçada aos tártaros, *Dei patris immensa*, na qual o papa afirma tê-los enviado a fim de representar sua própria pessoa:

> Como somos incapazes de estar presentes em pessoa em diferentes lugares ao mesmo tempo – pois a natureza de nossa condição humana não o permite –, de modo que não poderíamos negligenciar de nenhum modo nossa ausência, nós enviamos em nosso lugar prudentes e discretos homens. (Innocent IV, 1955, p.74)

A utilização dos frades mendicantes como *nuncii* papais não se restringiu às terras orientais, podendo-se encontrar outras referências sobre o envio de menores e pregadores para representar o pontífice. A própria organização desses frades em ordens, ligadas mais diretamente à Santa Sé, favoreceu sua escolha, a despeito de outros religiosos. Até o surgimento das ordens mendicantes, os monastérios, de modo geral, seguiam as regras de Santo Agostinho e de São Bento, sem haver, propriamente dizendo, uma ordem beneditina ou uma ordem agostiniana. Na verdade, quando se fala em "ordem beneditina", por exemplo, é no sentido das relações estreitas de caridade estabelecidas entre aba-

---

44 Existe uma discussão a respeito da representatividade do enviado papal. Ganshof acredita que só os *legati de latere* tinham o poder de representar a pessoa do pontífice, mas sua afirmação vale mais especificamente para o século XV. Esse autor admite o problema de descolar essa ideia para o século XIII, devido à contaminação de sentidos dos termos que designavam os enviados papais. Cf. Ganshof, 1968, p.268-9.

CRISTÃOS NAS TERRAS DO CÃ **141**

dias que optavam por um modo de vida baseado na regra beneditina (Vernet, 1933, p.14). Mais descentralizadas, Cluny ou Citeaux, como outras, eram antes federações de casas religiosas do que grupos de monastérios postos sob a autoridade de um superior. Com o surgimento dos mendicantes, começa uma organização sistemática de todas as instituições, englobando a totalidade das casas religiosas e dos frades sob a autoridade de um superior geral: o ministro geral, no caso dos menores, e o mestre geral no caso dos pregadores. Tais superiores estão diretamente submissos ao papa – excluídos o episcopado e o clero regular.

A obediência ao papa, que os biógrafos fizeram questão de destacar, pode ser ilustrada pelo encontro entre Francisco de Assis e Honório III, narrada por aqueles que escreveram sobre a vida do santo italiano. Rogério de Wendover, em sua breve biografia sobre Francisco, conta, em um tom claramente elogioso, que o frade de Assis foi a Roma solicitar ao papa a aprovação da Regra que escrevera para conduzir a vida de seus companheiros. O papa, ao ler pedido "tão duro", pregando a impossibilidade "de viver em comunidade", escrito por aquele homem ainda pouco conhecido, desprezou-o dizendo: "Vai, irmão e procura porcos! É mais a eles que deves propor esta vida do que a homens! Resolve-te com eles na pocilga e entregando-lhes a Regra por ti preparada aperfeiçoa o ofício de tua pregação". Então, "de cabeça inclinada", Francisco saiu à procura de porcos e, "por longo tempo, resolveu-se com eles, até que todo seu hábito e corpo estivessem cheios de lama". Enlameado, como conta o biógrafo, Francisco voltou à presença de Honório III que, "tomado de profunda comoção" (Wendover, 2005, p.1299), percebeu o erro que cometera e aprovou a Regra franciscana.

A sujeição estrita ao papado, como apontam alguns historiadores, foi um dos fatores que possibilitou a aprovação legal das duas grandes ordens mendicantes, que em muitos aspectos iam contra as práticas adotadas pela maioria dos religiosos de seu tempo (Hinnebush, 1985, p.19-21). Os valdenses, por exemplo, surgidos no mesmo período que os pregadores e os menores, pregavam práticas muito parecidas com as divulgadas por Domingos e Francisco, principalmente no voto de pobreza a na adoção de uma vida mais literal do Evangelho. Mas, sem se submeter à hierarquia eclesiástica, a quem consideravam corruptos

142 RAFAEL AFONSO GONÇALVES

e soberbos, acabaram sendo considerados heréticos, e, consequentemente, perseguidos pela Santa Sé (Baschet, 2006, p.223-4).

Admitindo uma maior subordinação ao papado e ao mesmo tempo movidos pelo ideal de mendicidade, os frades se mostraram aptos para o cumprimento de tarefas que exigiam grandes deslocamentos, como era o caso da entrega das cartas endereçadas aos tártaros.[45] O cronista franciscano Salimbene de Parma aponta, em seu *Chronicon*, escrito entre 1282 e 1290, que João de Pian del Carpine, de quem ouviu muitas de suas histórias sobre os tártaros, após ter regressado de sua jornada, teria sido retido durante três meses para o esclarecimento das informações trazidas e, depois de elogiado pelo pontífice por suas "fadigas e fidelidade", teria novamente sido nomeado por ele como seu enviado, desta vez "junto ao Rei Luís da França" (*Cronaca...*, 1882, p.113).

As viagens encomendadas pela Santa Sé impunham aos frades itinerários mais rígidos, em geral com destinos junto a reis e nobres da cristandade e fora dela. Os primeiros desprendimentos em relação a essas obrigações mais diplomáticas, no entanto, foi anunciado inicialmente pelo franciscano Guilherme de Rubruc. Referindo-se ao rei Luís IX, a quem destina a escrita de suas experiências no território tártaro, o viajante franciscano afirma ter dito publicamente não ser "nem embaixador [*nuncius*]" do rei francês, "nem de ninguém", mas que se "dirigia àqueles incrédulos", de acordo com a sua Regra (Rubruc, 2005, p.118). A passagem a que Rubruc fazia referência é do duodécimo capítulo da Regra franciscana, "Dos que vão entre sarracenos e outros infiéis", que procurava enfatizar a ligação entre as missões aos infiéis e à *vita*

---

45 Devido a tal subordinação das ordens em relação ao poder papal, muitos historiadores que se ocuparam do tema atribuíram à Santa Sé o papel central das viagens às terras do Oriente distante. Para os adeptos de tal perspectiva, partiria dos papas o interesse pelos contatos com os pagãos do oriente, exercendo um controle rígido das viagens e a imposição da necessidade de uma autorização do Chefe católico para qualquer partida àquelas terras. Caberia aos mendicantes, nas viagens ao Oriente, sob o olhar desses historiadores, a organização do envio dos viajantes, contando com a escolha do religioso, e a supervisão das atividades missionárias. Refiro-me principalmente às obras de Richard (1998), Rachewiltz (1971) e Soranzo (1930).

CRISTÃOS NAS TERRAS DO CÃ **143**

apostólica, considerada pelos franciscanos a forma de vida dotada de maiores virtudes. No documento conhecido como *Regra bulada*, de 1223, é apenas aconselhado aos ministros concederem a permissão de ir às terras infiéis somente aos que forem "idôneos para o envio" (São Francisco, 2005, p.67). A *Regra bulada*, no entanto, não era a primeira versão do documento escrito por São Francisco. Na verdade, ela era uma reformulação, exigida pela cúria papal, daquela apresentada em 1221, conhecida como *Regra não bulada*.

Como alguns estudiosos têm apontado (Manselli, 1997, p.194), o pedido do pontífice se devia ao fato de que a primeira versão da *Regra* não era dotada de pontos essenciais do direito canônico, como também não possuía os conteúdos práticos necessários para normatizar as vidas dos frades. Para ser aprovada, foi suprimida a maior parte das citações do Evangelho contidas na primeira versão apresentada, as passagens líricas foram extintas em favor de fórmulas jurídicas, assim como um artigo que autorizava os frades a desobedecerem aos superiores considerados indignos. De modo semelhante, foram suprimidos os trechos que se referiam aos cuidados a serem dispensados aos leprosos e todas as prescrições que exigiam uma pobreza rigorosa. A Regra também não insistia mais na necessidade do trabalho manual e não mais proibia que os frades possuíssem livros (Le Goff, 2001, p.86).

O capítulo sobre as missões tinha passado de um longo artigo fundamentado por passagens bíblicas para um conselho de poucas linhas. Na *Regra não bulada*, o tema das missões era melhor desenvolvido, expondo duas formas possíveis de se viver entre os não cristãos: uma opção de uma vida mais pacata, sem entrar em "litígios e contendas" confessando ser cristão; outra opção, ao contrário, pregando a Palavra ardentemente para que todos "creiam em Deus [...] e que sejam batizados e se façam cristãos" (São Francisco, 2005, p.51). Com as duas formas de comportamento, era aconselhado aos frades não pensarem somente na conversão dos infiéis, mas também atenderem às necessidades de outros cristãos que viviam em terras fora da cristandade, mas que precisavam de orientações espirituais (Tolan, 2003, p.293).

Foi, ao que tudo indica, baseado em tais modelos de vida entre os infiéis, recomendados na antiga Regra, que o franciscano Guilherme de Rubruc justificou ao Cã sua vontade de permanecer naquelas terras. O franciscano flamengo, como alguns historiadores já apontaram, foi o primeiro viajante mendicante a encarar partes orientais como regiões propícias para a ação missionária (Spuler, 1988). Descrente, contudo, na possibilidade de batismo dos tártaros, Rubruc (2005, p.219) apenas viu naquelas terras a chance de doutrinar alguns cristãos escravizados, que, segundo ele, tinham "necessidade de sacerdote que ensin[asse] a eles e a seus filhos a sua lei". Rubruc não viajou como seus predecessores apenas para obter uma resposta dos soberanos tártaros e depois retornar a sua terra. Inspirando-se na Regra franciscana, considerada uma verdadeira descrição da maneira concreta de viver o Evangelho (Tolan, 2003, p.293), o franciscano demonstra o desejo de lá permanecer para cumprir a vida proposta como ideal por sua ordem.

O desejo do franciscano, no entanto, não se realizou, pois Mangu entendeu ser mais adequado utilizá-lo para enviar correspondências ao "rei dos francos", para o descontentamento do missionário. O grande Cã, no entanto, considerando seu desejo, afirmou permitir sua permanência, desde que seus "senhores" o mandassem de volta após a entrega das cartas. Rubruc, então, procurou deixar em aberto a possibilidade de seu retorno e reafirmou a independência de sua ação em relação à vontade de qualquer outra pessoa,[46] enfatizando que estaria livre para fazer o que quisesse, desde que fosse de acordo com os preceitos de sua ordem. Rubruc responde à assertiva do Cã do seguinte modo: "desconheço a intenção dos meus senhores, mas tenho a sua licença de ir para onde eu quiser, onde for necessário pregar a palavra de Deus; parece-me que isso é necessário nessas partes, mandem ou não embaixadores; voltarei, se for de vosso agrado" (Rubruc, 2005, p.219).

---

46 A partir de um ponto de vista diferente, Mary Campbell percebe esta autonomia de Guilherme de Rubruc em seu próprio estilo narrativo. Para a estudiosa americana, o texto de Rubruc seria revolucionário em seu aspecto autoral, pois ele seria o primeiro viajante-autor que falaria explicitamente de sua posição real em um mundo factível. Seu relato estaria, ao contrário de outros, "pleno de sua presença", contendo claramente o que ele viu e o que sentiu em sua viagem pelo Oriente (Campbell, p.113).

CRISTÃOS NAS TERRAS DO CÃ 145

Ao se desvencilhar de algumas normas que conduziam a viagem dos *nuncii*, e ao mesmo tempo enfatizar a necessidade de missionários nas partes orientais, Rubruc contribuiu para a ideia de que em diversos lugares daquelas terras o religioso poderia cumprir os preceitos anunciados por sua ordem e, em uma última instância, ganhar a salvação. Isso, aliado a uma imagem mais positiva que vinha se formando dos tártaros e que, contrariando a de Rubruc, anunciava como certo o batismo destes, estimulou um número significativo de frades a partir para diferentes povos em diferentes terras nas partes orientais.[47] A diversidade humana[48] encontrada nesses diversos lugares, cada vez mais visitados pelos viajantes, pode ser ilustrada pela afirmação tecida por Raymond Étienne no início do século XIV. O arcebispo dominicano chega a mencionar, em seu tratado sobre as regiões orientais, que a cristandade latina constituía apenas "um vigésimo da humanidade", encontrando-se em apenas um "canto do mundo" (Étienne, 2005, p.35-6). Abria-se, assim, um campo de atuação que veio a redefinir não só o lugar dos mendicantes nas terras orientais como o dessas terras dentro da cristandade, como gostavam de chamar.

---

47 Alguns historiadores, principalmente aqueles alinhados à perspectiva do historiador Jean Richard, viram no relato de Guilherme de Rubruc grandes descontinuidades em relação às viagens anteriores, localizando-o em uma posição de transição entre duas formas diferentes de viagens. Essa diferença estaria alojada em uma clara – e muitas vezes problemática – distinção entre fins políticos e religiosos, inexistente na Idade Média. Na primeira etapa das viagens, como apontam esses historiadores, os frades seriam enviados ao império tártaro com um objetivo fundamentalmente político, na tentativa de selar as relações pacíficas entre o poder papal e o Cã, a fim de evitar novos ataques contra os cristãos, como aqueles ocorridos na primeira metade do século XIII. Somente com o relato de Rubruc e, sobretudo, no fim do século XIII é que as viagens ganhariam fins estritamente religiosos. Cf. Richard, 1998, p.79-88; Gadrat, 2005, p.17-8.

48 Sobre essa diversidade, que muitas vezes se refletia também na aparição de monstros e outras criaturas, cf. Kappler, 1994; Wittkower, 1991.

Planos e expectativas de conversão dos orientais

Vistos, sobretudo, por suas riquezas e, principalmente, pelas grandes cidades dos seus territórios, que – ao contrário dos desertos, um pouco esquecidos – sugeriam civilidade e refinamento, os tártaros foram alvo crescente da ação missionária, como cabe agora examinar para finalizar nosso percurso. Diferentemente de alguns viajantes que caracterizavam os tártaros com traços de barbaridade, considerando-os, portanto, não aptos para receber o Cristianismo – como vimos anteriormente –, esses frades esperavam daquelas terras grandes levas de convertidos. Jordan Catala de Sévérac, da Ordem dos Pregadores, incentivou a partida de outros religiosos para aquelas terras onde "a colheita [...] promete ser grande e encorajadora", e indica alguns lugares diferentes em que acredita ser possível a um frade "colher muitos frutos e [...] viver em comum." Sévérac também aponta que ouviu "de mercadores latinos que o caminho da Etiópia está aberto para qualquer um que queira ir pregar lá, onde uma vez São Mateus o Evangelista pregou" (Friar Jordanus, 2005, p.77).

João de Montecorvino também ressaltou a suposta potencialidade da região onde o apóstolo de Cristo pregara. Ele indica ter recebido "ilustres enviados da Etiópia, pedindo que fosse para lá a fim de pregar ou que enviasse bons pregadores, pois, desde o tempo do bem-aventurado evangelista Mateus e dos seus discípulos, não tiveram pregadores que os instruíssem na fé de Cristo". Ele acreditava que a conversão daquelas partes do mundo dependia unicamente da presença de pregadores, sendo que, "se os frades fossem enviados para lá, todos se converteriam a Cristo e se tornariam verdadeiros cristãos." Isso se devia, segundo Montecorvino, ao fato de que, no "Oriente, há muitos que são cristãos apenas de nome e creem em Cristo mas ignoram as Escrituras e as doutrinas do Santos, vivendo [assim] simplesmente por não terem pregadores e mestres" (Montecorvino, 2005, p.265).

Relatando sobre a maioria dos homens encontrados nos "países" e cidades, esses viajantes afirmaram sua capacidade de receber a doutrina cristã e acabaram por estimular a partida de religiosos rumo ao leste do ecúmeno. Alguns, como é o caso do cavaleiro Jean de Mandeville,

CRISTÃOS NAS TERRAS DO CÃ **147**

perceberam que todos esses homens – os dotados de razão, é claro – chegaram a conclusões muito semelhantes às dos cristãos no que toca aos artigos de fé, sendo necessária somente uma correção em suas crenças e condutas. Embora fosse um laico, assim como era Marco Polo, esse viajante também se preocupou com a cristianização dos inúmeros homens descritos em seu itinerário, partilhando, muitas vezes, das mesmas inquietações e esperanças que moviam os frades mendicantes a deixar sua terra e partir (Richard, 1998, p.84).[49] Em seu *Livro das maravilhas do mundo*, escrito provavelmente entre 1356 e 1357, o cavaleiro inglês[50] afirma que

> [...] em todos esses países referidos, em todas essas ilhas e em todos esses povos de diversas leis e crenças, não há nenhum, entre os que têm razão e entendimento, que não tenha entre suas crenças religiosas artigos de nossa fé e algumas outras coisas boas de nossa religião. [...] Contudo, eles não sabem falar com perfeição, porque não há ninguém que lhes tenha ensinado e, ainda que sejam capazes de entender por senso natural, não sabem falar do Filho nem do Espírito Santo. Mas sabem falar da Bíblia, especialmente do Gênesis, dos ditos dos profetas e dos livros de Moisés. (*Viagens...*, 2007, p.254)

Os tártaros também, para aqueles que os viam dotados de razão, não estavam excluídos da esperança salvífica cristã. O grande império oriental foi, sem dúvida, o maior ponto de parada dos missionários, que viam naquele povo uma fonte inesgotável de almas que poderiam encomendar para o Senhor. O franciscano João de Montecorvino, já experiente na tarefa missionária, tomou os caminhos das partes orientais realizando paradas junto aos patriarcas da Antioquia e da Geórgia, aos reis e príncipes da Armênia, Pérsia, Turquestão e ao Grande Cã da China, onde batizou, segundo suas estimativas, cerca de seis mil homens (Montecorvino, 2005, p.259), sem contar as conversões efetua-

---

49 Sobre a participação cada vez mais ativa dos laicos nas devoções e práticas religiosas, cf. Vauchez, 1987; 1995.

50 Sobre a discussão em torno da identidade do autor das *Viagens*, cf. Letts, 1959; Hamelius, 1923; Mandeville, 2000; *Viagens...*, 2007.

148 RAFAEL AFONSO GONÇALVES

das durante sua estadia na Índia. Essas contas eram ainda pequenas se comparadas ao que ele teria batizado se não fossem as "difamações" e os conflitos com os cristãos nestorianos, que, segundo ele, não deixavam qualquer outro cristão pregar uma doutrina destoante da proposta por Nestório. Sem o importuno dos heréticos, e com o auxílio de "dois ou três companheiros como coadjutores", ele acreditava que teria convertido cerca de "trinta mil" e até "talvez o imperador *Chaam* estaria batizado" (ibidem, p.259-60).

Em um tom que nos parece hoje, no mínimo, curioso, o franciscano relata que procurou suprir a falta de religiosos com formação regular recrutando algumas criancinhas, entre 7 e 11 anos de idade, que, segundo Montecorvino, não conheciam nenhuma religião. Verdadeiramente orgulhoso, ele menciona ter comprado "sucessivamente quarenta crianças, filhas de pagãos", tê-las batizado, instruído na língua do rito latino e ensinado "o saltério com trinta hinos e breviários". De modo que "11 desses meninos já sab[iam] o [...] ofício" (ibidem, p.259). Esse método do franciscano não diferia daquele de recrutamento de religiosos no monaquismo de seu tempo, onde a educação dos jovens monges desempenhava um papel importante no desenvolvimento do clero regular (Van Denwymgaert, 2000, p.42-7). Assim, as crianças doutrinadas pelo missionário tornar-se-iam verdadeiros disseminadores da fé, tendo sido distribuídas nas duas igrejas fundadas pelo franciscano, onde passaram a recitar "o ofício por si mesmos" (Montecorvino, 2005, p.264).

O suposto dominicano Jean de Cora, nomeado bispo de Sultania por volta de 1330, posiciona-se de forma muito semelhante a Montecorvino, tanto em relação à simpatia dos tártaros pela fé cristã quanto pelo que impedia sua efetivação na alma dos infiéis. "Os pagãos", como escreve em seu relatório, vão ouvir a pregação "muito alegremente, e geralmente se comportam com grande devoção, e concedem aos frades grandes esmolas". Como o frade menor, ele acredita que, se os nestorianos "resolvessem se juntar aos Frades Menores, e a outros bons cristãos que vivem naquele país, eles poderiam converter todo o país, assim como o imperador à verdadeira fé" (Soltania, 2005, p.102).

CRISTÃOS NAS TERRAS DO CÃ 149

Apesar de os missionários pretenderem batizar todos os homens do império, a cristianização do Cã já por si representaria uma grande vitória para a cristandade, principalmente pelo fato de os homens do medievo verem nos soberanos grandes modelos de conduta para seus súditos[51] e, portanto, o batismo do Cã era tido como um importante passo para a conversão do resto dos orientais. Dos cerca de 35 anos que permaneceu em sua tarefa missionária, o mencionado franciscano João de Montecorvino esteve longe da corte do Grande Cã durante apenas treze anos. Foi nessa corte que ele construiu sua primeira igreja, próxima "à principal residência do rei" (Montecorvino, 2005, p.259). A segunda construção erguida pelo franciscano esteve ainda mais próxima do soberano, "distante um tiro de pedra da porta do senhor Cã", tão próxima que o missionário alegra-se em afirmar que, quando ele e suas mencionadas crianças cantavam o ofício, "o senhor Cã podia ouvir" suas "vozes de seu quarto". Mais do que a atenção do Cã aos seus talentosos garotos, o franciscano notou que a aproximação poderia incidir na evangelização do resto dos orientais, pois "não poderia obter um lugar mais útil e mais próprio em todo império do senhor Cã para construir uma igreja católica" (ibidem, p.263-4).

O interesse na conversão do soberano tártaro e de seus príncipes pode ser mais bem entendido a partir do referido *Ad nationes orientales*, tratado escrito pelo dominicano Riccoldo de Monte Croce no início do século XIV no qual encarava o batismo do soberano como uma estratégia mais eficaz de evangelização de incrédulos. No final de sua exposição sobre as principais crenças encontradas nas regiões orientais, o frade expõe cinco regras "necessárias aos irmãos que se enviam às nações estrangeiras". Na quarta dessas regras, o dominicano afirma que os missionários devem "discutir e tratar inicialmente com os notáveis", pois "as pessoas simples e comuns" poderiam ser facilmente convertidas, "mas elas não perseverariam e seriam reconduzidas rapidamente ao seu grupo pelos seus bispos e chefes" (Riccoldo, 1997, p.169).

---

51 Sobre o poder normativo da imagem do rei na cristandade medieval, cf. Blanchard, 1995.

150 RAFAEL AFONSO GONÇALVES

Como determinadas notícias do início do século XIII já apontavam, e diferentemente daquele pessimismo que marcou a visão de uma parte deles − como vimos anteriormente −, alguns viajantes acreditavam que o Grande Cã tinha grandes chances de se tornar cristão, principalmente por certa reverência que teria demonstrado pela fé dos latinos. O citado bispo de Sultania, em meados do século XIV, percebeu no soberano tártaro uma atitude muito próxima da dos reis latinos, pois ele mantinha "os cristãos naquele reino como quem é obediente à santa Igreja de Roma". O dominicano também chegou a afirmar que o Cã "tem grande devoção para com eles [os cristãos] e lhes demonstra grande afeição" (Soltania, 2005, p.102). Odorico de Pordenone ressaltou da mesma forma os indícios que levavam a crer que o chefe tártaro demonstrava atitudes favoráveis ao cristianismo. Como conta o viajante, ao ver a cruz erguida pelos frades menores, quando chegava em Cambalic com sua corte, o Cã "depôs o seu barrete, ou o chapéu, de um valor quase inestimável, e fez reverência à cruz" (Pordenone, 2005, p.335). Depois de ter assistido a essa cena, o frade, segundo conta, converteu "alguns de seus barões que estavam no exército" (ibidem, p.336).

O que, nessas indicações, parece ter sido mais reafirmado do que nos primeiros boatos que se referiam ao batismo do Cã são suas qualidades essencialmente cristãs, além de um refinamento que ainda escapava aos primeiros autores. Sobre este que considerava "um dos mais poderosos de todos os reis do mundo" (Soltania, 2005, p.89), o bispo de Sultania atribuía os predicados de "piedoso e compassivo" (ibidem, p.91). O dominicano também se admirou com a justiça com que o Cã regia seu império, assegurando-a "tanto para os grandes quanto para os pequenos" (ibidem, p.90). Em uma carta endereçada a seus superiores em 1326, André, o bispo de Zayton, optou por não falar sobre as qualidades do Cã, porque achava que aquilo pareceria muito extraordinário para seus leitores europeus. Ele esclarece:

> Sobre a riqueza, esplendor e glória desse grande imperador, da vastidão de sua dominação, as multidões submetidas a ele, o número e grandiosidade de suas cidades, e da constituição de seu império, no qual nenhum

CRISTÃOS NAS TERRAS DO CÃ 151

homem se atreve a levantar a espada contra seu vizinho, eu não falarei nada, porque isso seria muita coisa para escrever, e pareceria inacreditável para aqueles que ouvissem. Até eu que estou aqui neste país ouço afirmações em que quase não consigo acreditar. (Andrew, 2005, p.72)

O mesmo cuidado levou Odorico de Pordenone a se calar sobre as qualidades do tártaro, visto que "dizer e relatar a grandeza deste senhor e aquilo que há na sua corte seria algo incrível, se [alguém] não visse com [seus próprios] olhos" (Pordenone, 2005, p.328). A incredulidade elucidada pelos viajantes sugere a persistência daquela imagem igualmente difundida que descrevia os tártaros e o Cã como homens sem nenhum cultivo, irracionais e habitantes dos inabitáveis desertos, imagem que coexistiu com essas novas narrativas e, apesar das tentativas de aproximação e conversão dos tártaros, não desapareceu inteiramente das expectativas europeias.[52] Jean de Mandeville percebeu essa resistência que os latinos tinham relativamente aos tártaros e tentou convencê-los, afirmando a veracidade do que relatava.

E embora alguns não queiram crer nisso, considerando uma fábula tudo o que é contado sobre a sublimidade da pessoa do Grande Cã, de seu cerimonial, de sua corte, assim como o que é dito da grande multidão de pessoas a seu serviço, ainda assim direi que o que conto é só uma parte de tudo o que vi muitas vezes. Cada qual é livre para acreditar ou não, porém, estou seguro de que qualquer um que tenha passado pelos países de ultramar, ainda que não tenha estado no palácio do Grande Cã, terá ouvido contar sobre ele e seu estado para crer um pouco no que digo. (*Viagens...*, 2007, p.195)

---

52 Interessante notar que é justamente essa imagem dos tártaros que o conhecido historiador francês Jules Michelet vai retomar ao escrever sobre a expansão do império tártaro na Idade Média. Sobre os tártaros, ele escreve: "Esses pastores, arrastando nações, afugentando a humanidade com seus rebanhos, pareciam decididos a apagar da terra toda cidade, toda construção, todo traço de cultura, a refazer do globo um deserto, um prado livre onde se pudesse então vagar sem obstáculos". Cf. Michelet, 1981, p.368.

152 RAFAEL AFONSO GONÇALVES

Diante do contraste das duas imagens, conhecidas pelo cavaleiro inglês provavelmente por leituras, Mandeville chegou a cogitar que elas não se referiam a um mesmo povo e, como outros viajantes, procurou encontrar na origem do império as explicações para suas dúvidas. Segundo ele, "há pouco mais de 160 anos, toda a Tartária[53] estava dominada e submetida a outros povos dos arredores. Eram umas gentes bestiais que não faziam mais que guardar animais e levá-los para pastar". Estavam divididos em "sete clãs principais que eram superiores a todos os demais", sendo o "mais nobre e o mais estimado" chamado de "tártaro" (ibidem, 2007, p.198-202). Conduzido por visões que o aconselhavam a tomar o poder, de acordo com o viajante, o senhor dessa estirpe louvável dos orientais, Gengis Cã, sobrepôs-se às demais tribos e construiu esse grande império. Sua preocupação, em suma, era justificar essa imagem que já há algum tempo vinha sendo afirmada e parecia dizer o contrário daquela que negava a possibilidade da conversão tártara.

Nessa mesma linha, outros relatos anteriores viram igualmente nos tártaros homens cultivados e virtuosos, isto é, homens aptos a receberem a doutrina cristã. No início do século XIV, Jordan Catala de Sévérac, em seu *Livro das Maravilhas*, havia dispensado grandes elogios aos tártaros, dizendo que "o povo desse império é maravilhosamente honesto, correto e refinado, e mesmo generoso" (Sévérac, 2005, p.290). De modo semelhante, o bispo de Sultania, cerca de duas décadas antes de Mandeville, escreveu que "o povo do imperador é muito dignamente refinado, e vive de maneira rica e generosa" (Soltania, 2005, p.98). Imagens, pois, que, além de mostrarem uma outra face dos tártaros para a cristandade, devem ter ajudado a firmar a ambição dos cristãos de aproximação.

Tal representação dos tártaros, como também a de outros povos de diferentes regiões orientais, abria um horizonte de possibilidades para

---

53 O país dos mongóis era conhecido por esse nome no Ocidente. Num sentido estrito, no entanto, tártaro denominava uma das muitas tribos das estepes, a leste do Rio Kerulen. Provavelmente, no decorrer das invasões à Ásia e à Europa, o termo generalizou-se, causando certa confusão entre as designações.

CRISTÃOS NAS TERRAS DO CÃ **153**

os frades que procuravam somar novas almas para o cristianismo. Para utilizar aqui o vocabulário empregado por Odorico de Pordenone, que afirmou que os mendicantes passaram a ir até as regiões dos infiéis para "lucrar" almas (Pordenone, 2005, p.283), a viagem às partes orientais figurou como um empreendimento muito lucrativo para esses religiosos. O excedente, digamos assim, não significava apenas uma soma para a cristandade, mas também o cumprimento de um modo de vida específico, valorizado e recomendado pela ordem da qual faziam parte.[54]

Com as crescentes expectativas de uma "grande colheita" nas partes orientais, o valor daquelas terras ganhava cada vez mais centralidade nas práticas evangelizadoras dos frades mendicantes, que procuravam estender sua atuação para a totalidade do continente asiático. Essa pretensão foi garantida pela bula *Redemptor noster*, de 1318, apresentada pelo então papa João XXII, que colocava em evidência justamente a preponderância das duas grandes ordens mendicantes nas partes orientais. Nesse documento, o pontífice repartia a Ásia em duas partes; a primeira, localizada na região leste do continente, seria responsabilidade do bispado franciscano de Cambalic, criado em 1305; a parte oeste seria encargo dos dominicanos e centralizada no bispado de Sultania, criado pela mesma bula. Por meio da articulação dos dois bispados, o documento conferia aos mendicantes a cura das almas de todos aqueles que habitavam desde o "monte Barrarius[55] até os confins do Oriente" (Olichon, 1936, p.163). Os missionários, entretanto, nunca insistiram na exclusividade de cada parte e, mesmo após a mencionada bula, partiam em grupos compostos por frades de ambas as ordens.

A ambição de atuar em toda a Ásia estava enquadrada em um objetivo maior, anunciado por ambas as ordens: levar a Palavra para todo o mundo. Os autores da *Legenda dos três companheiros*, texto que conta

---

54 Henry Marc-Bonnet aponta que os mendicantes foram os primeiros a colocarem a conversão dos infiéis como um ponto central da espiritualidade. Cf. Marc-Bonnet, 1968, p.53.

55 Segundo Paul Pelliot, ainda que não seja possível chegar a uma conclusão decisiva sobre a incidência do termo, há uma relação entre a citada "Baris" da Bula de 1318 e os termos "Barrarius ou Bacarius", que, "falando estritamente de uma visão histórica, seria o Cáucaso ou o Elburz" (Pelliot, 1959, p.81).

154 RAFAEL AFONSO GONÇALVES

a história dos primeiros anos da Ordem dos Menores e seu fundador, escrito em meados do século XIII, contam que Francisco ensinava aos seus discípulos que a vocação da ordem não era apenas trabalhar "para [a própria] salvação, mas para a de muitos", portanto, cabia partirem "pelo mundo exortando todos a fazerem penitência de seus pecados e se recordarem dos mandamentos de Deus" (*Legenda...*, 2004, p.638). As pretensões globalizantes dos pregadores foram expressas na própria bula de aprovação da ordem emitida pelo então papa Honório III. No documento, o pontífice confirma os objetivos dos frades de "abraçar uma vida de pobreza e disciplina regular", bem de se devotarem "à pregação da Palavra de Deus e à proclamação do nome de Nosso Senhor Jesus Cristo por todo o mundo" (Hinnebush, 1985, p.22).

A conversão de todos os não cristãos, incluindo aí os dos diversos lugares recém-conhecidos nas partes orientais, estava ligada às crenças escatológicas que marcaram profundamente essas ordens. Na raiz das práticas missionárias estava a ideia de que Deus havia mandado a Ordem dos Menores, bem como a dos Pregadores, para renovar a vida de Cristo e dos apóstolos na *nouissima hora*, isto é, próximo ao fim do mundo. A missão era essencialmente para que essas ordens seguissem uma escatologia da renovação (Daniel, 1992, p.27). O fim escatológico das missões foi difundido pelos frades entre seus contemporâneos dos séculos XIII e XIV, que os viram como difusores da Verdade em um mundo decadente. Escrito entre 1260 e 1270, os *Annales S. Justinae Paravini*, presentes na *Monumeta Germaniae*, sustentavam que:

> Por esses tempos, a providência divina fez surgir do tesouro de sua misericórdia dois grandes grupos luminares: a Ordem dos Pregadores e a Ordem dos Frades Menores. Deus os estabeleceu no firmamento da Igreja e eles, por meio de sua doutrina, luminosa e levada para todos os homens e, através do resplendor de sua vida santa, iluminaram maravilhosamente todo o mundo envolto nas trevas do erro. (*Annales...*, 2004, p.1318)

Envolvidos pela tradição milenarista cristã, como também por novos impulsos escatológicos, como as obras de Joaquim de Fiori, os frades tinham a sensação de estar vivendo no fim dos tempos. O im-

CRISTÃOS NAS TERRAS DO CÃ **155**

portante teólogo e biógrafo do santo de Assis, São Boaventura, sugeriu que a chegada iminente do fim foi a causa principal do nascimento de Francisco. Ele começa a biografia do fundador dos menores dizendo que, "nestes últimos dias, a graça de Deus nosso Salvador apareceu em seu servo, Francisco, para todos os verdadeiros humildes e amigos da santa Pobreza" (São Boa Ventura, 2004, p.439).

A crença de estar próximo o fim, no entanto, não era uma invenção do século XIII. Desde os primeiros tempos do Cristianismo, e com mais força a partir do século IV, como é possível notar nas obras de Santo Agostinho, acreditava-se que o Juízo Final estava perto. Em *Cidade de Deus*, obra muito lida na Idade Média, Santo Agostinho divide a história humana em seis eras, das quais cinco já haviam se completado com a encarnação de Cristo. O tempo em que ele vivia era, então, a sexta e última era, cuja data precisa do fim era ignorada. O desconhecimento do período exato em que findaria a última era abriu espaço para várias interpretações, sendo uma das mais conhecidas aquela que colocava no fim do primeiro milênio após a aparição de Jesus o tempo exato do Juízo final.[56]

No século XIII, essas crenças ganham um novo impulso, dado principalmente pela referida obra de Joaquim de Fiori, escrita no final do século precedente. O abade italiano modificou alguns pontos da tradição escatológica agostiniana, sobretudo a partir da inclusão da ideia de um futuro evolutivo, que culminaria em uma sociedade quase paradisíaca. Mas a crença de estar vivendo na orla dos tempos – Fiori divide a história da humanidade em três grandes épocas: a era do Pai, a do Filho, e a do Espírito Santo –, ou pelo menos na passagem para o último deles, é fundamentalmente a mesma. Semelhantes são também as ideias sobre os sinais que anunciariam o apocalipse, em geral: o retorno de Elias, pregador da verdade divina; a conversão dos judeus e pagãos; e a aparição do Anticristo (Töpfer, 2002, p.353). Partindo dessas crenças semelhantes, Joaquim de Fiori identificou o papel que Agostinho atribuíra a Elias com o papel das duas ordens nascentes.

---

56 Cf. Duby, [s.d.].

156 RAFAEL AFONSO GONÇALVES

Uma grande parte dos frades mendicantes, principalmente aqueles conhecidos como os "espirituais franciscanos",[57] acreditou que Fiori havia profetizado o aparecimento dos menores e dos pregadores, destinados a desencadear a era do Espírito Santo e, consequentemente, o retorno de Cristo à Terra no dia do Juízo Final. Essas concepções atribuíam uma grande importância à pregação aos incrédulos, pois só após a divulgação da Palavra por todo o mundo, e da chegada do Anticristo,[58] é que Deus retornaria à Terra para fazer o grande julgamento. A expectativa de uma conversão final dos judeus depois do batismo de todos os gentios existia independentemente do joaquinismo, e permanecia como um grande estímulo aos frades missionários (Daniel, 1992, p.76).

As notícias e os relatos de viagem ao continente asiático alimentaram essa visão escatológica de mundo, atribuindo um papel ambíguo aos tártaros e aos povos avistados. Os súditos do Cã, como já apontamos, foram associados por diversas vezes aos povos de Gog e Magog, nome dado às nações que se oporiam aos seguidores de Deus no fim dos tempos. Riccoldo de Monte Croce, no início do século XIV, chegou a se questionar sobre essa origem, mas, baseado na tradição escatológica cristã, não descartava a ideia de que eles seriam o anúncio do Anticristo que precederia o Juízo final. O dominicano elencou três possibilidades para a procedência do povo asiático: a primeira é a que se refere às "dez tribos dos filhos de Israel que foram detidos como prisioneiros"[59] e que, "na aproximação do fim do mundo", sairiam e fariam "um grande massacre"; a segunda diz respeito à denominação "Tártaros", homens "saídos das montanhas, que apareceram repentinamente, com a aproximação do fim do mundo, e começaram a destruição do mundo pelo Oriente"; a última possibilidade é a mencionada origem dos povos liderados por Satã, pois, segundo Monte Croce, eles mesmos acreditavam ser "os descendentes de Gog e Magog, daí ser o nome de

---

57 Sobre os espirituais franciscanos, cf. Falbel, 1996; Burr, 2001.

58 A ordem dos eventos, isto é, se o Anticristo viria antes da conversão dos incrédulos ou se aconteceria o contrário, nunca foi clara ou consensual entre os autores do medievo. Cf. Daniel, 1992, p.77.

59 A referência bíblica encontra-se em Tobias 1:15.

CRISTÃOS NAS TERRAS DO CÃ **157**

Mongóis uma alteração de Magogoli [...]"; homens que sairiam "no fim dos tempos e fariam entre os homens um imenso massacre". O missionário não diz qual das possibilidades ele acredita ser a mais verdadeira, deixando "a solução para os homens mais capazes" (Riccoldo, 1997, p.99), todavia, deixa claramente sugerido o aparecimento desse povo como um anúncio do fim dos tempos.

Alguns viajantes, à semelhança de Croce, interpretaram a chegada dos tártaros como anúncio do fim do mundo. Enquanto alguns, como Monte Croce, os viram como os seguidores do Anticristo, muitos missionários os enxergaram como os pagãos que deveriam ser convertidos para a chegada de Cristo. As mencionadas bulas *Cum hora undecima*, que davam as estruturas legais para o envio dos missionários, apontam para essa crença que movia os frades na evangelização dos orientais. Com um teor claramente escatológico, esses documentos justificavam as viagens aos diversos povos conhecidos pela necessidade de difusão da palavra na chegada do fim dos tempos. As bulas iniciavam argumentando que:

> Desde que a décima primeira hora chegou no dia dado à humanidade [...], homens espirituais com pureza na vida e com dons de inteligência precisam ir novamente a todas as pessoas de todas as línguas e todos os reinos pregar, porque [...] a salvação dos remanescentes de Israel não irá ocorrer até todos os povos entrarem primeiro no reino dos céus. (Ryan, 2003, p.24)

Os tártaros, incluídos na lista de povos a serem convertidos desde 1253, faziam parte desse programa, cuja meta era converter todos os povos do mundo antes do retorno do Cristo na Terra.[60]

Não foram apenas as bulas que entenderam a tarefa missionária dessa forma. Alguns frades, como o franciscano Pascal de Vitória, justificaram a partida para as regiões orientais justamente pela perspectiva escatológica cristã. Na carta enviada em 1338 ao seu superior, Pascal relembra a passagem bíblica em que "Ele disse que, quando o

---

60 Cf. Schmieder, 2000.

158 RAFAEL AFONSO GONÇALVES

Evangelho tiver sido pregado através de todo mundo, então o fim virá". Evidenciando sua interpretação missionária dessa passagem, Pascal continua: "isto significa para mim, pregar entre as diversas nações, para mostrar aos pecadores suas culpas, e para difundir o caminho da salvação" (Vittoria, 2005, p.88). Sem excluir o fim escatológico, Pascal contribuiu para associar os tártaros e outros povos orientais a um dos sinais que anunciariam o retorno do Cristo e o fim dos tempos, não mais como o exército de Satã, mas como os pagãos cuja conversão seria ponto de partida para a conversão de todo o mundo.

Essas visões procuravam dar conta da descoberta, ou melhor, da redescoberta dos numerosos habitantes das terras orientais, redescoberta que pareceu tão impactante aos seus contemporâneos e à qual foi atribuído um importante papel dentro do que seria a história do povo cristão na Terra. A narrativa da chegada dos tártaros pelo olhar cristão, como procuramos mostrar, foi realizada, em geral, a partir da construção de duas imagens principais, que, na maioria das vezes se afastavam, mas que em muitas outras chegavam a se interpenetrar. A ideia de que os tártaros eram os representantes do Anticristo, descendentes de Gog e Magog, foi rapidamente difundida após os ataques contra os cristãos, e ganhou força com as descrições que os caracterizavam como um povo bárbaro, habitantes de terras ora desérticas, ora montanhosas, localizadas nos confins do mundo. Essa imagem pôde ser amenizada com o fim das incursões tártaras e a possibilidade de uma aliança antimuçulmana. Mas, como nos dá a entender Monte Croce, essa forma de descrição dos tártaros não desapareceu, e certamente ultrapassou o início do século XIV.

O que podemos dizer, em suma, é que, enquanto essa imagem mais negativa predominou até as últimas décadas do século XIII, com o passar do tempo uma visão mais aprazível dos tártaros foi se impondo, uma visão mais apta a admitir a viabilidade e incontornabilidade da sua conversão. Possibilitada, em grande parte, pela utilização das rotas da China, a visão de um povo possuidor de grandes cidades, riquezas e até de costumes "refinados" incentivou os missionários a partirem rumo ao Leste para garantir a salvação desses povos pagãos e, em última instância, a entrada de si mesmos no Reino dos Céus. Mas não

CRISTÃOS NAS TERRAS DO CÃ **159**

se pode deixar de dizer que essas duas imagens produzidas dos súditos dos Cãs coexistiram ao longo dos séculos XIII e XIV. Pretendendo narrar as características dos tártaros e dos numerosos povos encontrados nos caminhos percorridos, os viajantes acabaram por dizer mais sobre si do que sobre aqueles que fizeram alvo principal da sua escrita. As duas imagens produzidas por esse emaranhado de narrativas, cartas, pequenas notícias e outros textos que compunham o repertório de informações acerca daquelas terras e homens nos ajudam a perceber quais eram as expectativas dos latinos em relação às partes orientais e, especialmente, em relação à própria cristandade. Ao julgarem a possibilidade de o Império Tártaro fazer parte da comunidade cristã, ou seja, ao avaliar se eles estavam ou não aptos para receber o Cristianismo, os viajantes reafirmavam ou estabeleciam os parâmetros do que deveria ser um povo cristão. Se aos tártaros, vistos como bárbaros e irracionais, não havia esperança de adoção da fé cristã, aos tártaros das grandes cidades e de costumes familiares aos cristãos, a inclusão na cristandade pareceu praticamente certa.

Embora essas duas imagens, aparentemente, sejam bastante díspares e muitas vezes opostas, como pudemos observar, elas falam de homens com expectativas muito semelhantes. As diferenças eram, digamos assim, mais o resultado de uma inversão de papéis em um mesmo enredo. Isto é, dentre o que seriam os três anúncios do fim dos tempos – a vinda do Anticristo; a conversão dos pagãos; e o retorno do pregador, em alguns casos, Elias –, apenas o papel dos pregadores continuou o mesmo, pertencendo às ordens mendicantes. Se os tártaros eram os representantes do Anticristo ou os pagãos que se tornariam cristãos, antes da vinda de Cristo, essa foi uma discussão que atravessou os séculos. As possibilidades de respostas eram, entretanto, muito limitadas, e o que sofreu alteração – como vimos – foi a predominância de uma ou outra visão em certos momentos. Fosse, pois, caracterizando os tártaros como os "inimigos de Cristo", fosse vendo-os como potenciais conversos, os viajantes procuraram responder a essas questões a partir da descrição detalhada do itinerário percorrido, dos homens avistados e de tudo aquilo que eles puderam ver ou ouvir em sua estadia nas partes orientais.

CONSIDERAÇÕES FINAIS

A partir de meados do século XIV, encerra-se o período de pouco mais de cem anos das grandes viagens às partes orientais, iniciado pela partida do grupo liderado pelo franciscano João de Pian del Carpine, em 1245. Após o retorno de Jean de Marignolli, em 1346, ou, mais precisamente, da escrita das *Viagens* de Jean de Mandeville (1256-1257), as viagens para o extremo leste da Ásia sofrem um grande hiato, suspenso somente com as conquistas portuguesas e as missões dos jesuítas nos séculos XVI e XVII.[1] Nesse entremeio, há notícias de algumas viagens, sobretudo no século XV, como a da embaixada à corte de Tarmelão chefiada pelo espanhol Ruy Gonzalez de Clavijo, entre 1403-1405, a viagem do veneziano Nicolo de Conti, que ditou suas lembranças após seu retorno em 1439, ou até mesmo a do russo Afanasy Nikitin, que viveu na Índia entre 1468 e 1474 (Clavijo, 1990; Nicolo, 1979; Major, 1857). Esses deslocamentos, no entanto, são bastante esparsos e movidos por objetivos muito diferentes, sem formar um conjunto significativamente coeso, como aqueles dos séculos XIII e XIV. As razões para esse "desinteresse", ou melhor, para essa queda significativa no fluxo das grandes viagens para as partes orientais são de difícil delimitação – e mesmo na historiografia há pouco consenso e

---

1 Sobre a presença dos jesuítas na China, cf. Araújo, 2000; Brockey, 2005.

162 RAFAEL AFONSO GONÇALVES

poucos estudos específicos sobre o assunto.[2] É possível, não obstante, elencar alguns acontecimentos e conflitos ocorridos, tanto no império tártaro quanto na cristandade, que não favoreceram a realização dessas grandes viagens.

Um dos grandes obstáculos encontrados pelos viajantes foram os conflitos na região da Ásia Central, que tornaram as rotas muito perigosas para a passagem de estrangeiros. Além disso, as guerras originadas pela crescente independência dos canatos ocidentais forçaram muitos cristãos, mesmo os que tinham boas relações com Cãs locais, a deixar a terra e retornar à cristandade (Gadrat, 2005, p.33). A conversão dos Cãs do Oeste Asiático ao islamismo, coetânea aos conflitos e independências, também contribuiu para o desencorajamento daqueles que ainda nutriam esperanças de que os tártaros aderissem à fé cristã.

Além dos problemas encontrados na passagem pelo império oriental, algumas questões e conflitos na própria cristandade sobrepuseram-se aos interesses dos europeus pelas missões às partes orientais. A grande peste, alastrada em meados do século XIV na Europa e associada a questões morais, levou os religiosos a atentarem de forma mais rigorosa para a conduta dos cristãos, considerada então uma das maiores causas dos males do corpo.[3] Os problemas na sucessão papal,[4] pouco tempo depois, também contribuíram para a ideia de que a união entre os reinos cristãos deveria ser mais urgentemente cultivada que com os orientais (Richard, 1998, p.258-9). Mesmo que, no início do século XV, Jean III de Sultania, em seu *Libellus de notitia orbis*, relate a presença de alguns cristãos católicos em Catai, desde meados do século XIV, pouco interesse foi dado a esse pedaço da cristandade ainda por prosperar (*Libellus...*, 1938, p.82-123). É interrompido, assim, um longo período em que a cristandade pôde entrar em contato com o extremo leste do continente asiático, renovando o gosto pelas andanças e pelo conhecimento dos diversos lugares do mundo.

---

2 Cf. Richard, 1960; Power, 1968.

3 Cf. Delumeau, 1989; Gottfried, 1983; Cantor, 1997; Trembovler, 1994; Le Goff, 1985.

4 Cf. Delaruelle; Ourliac, 1962-1964; Chélini, 1982; Favier, 2006. Sobre o Grande Cisma.

CRISTÃOS NAS TERRAS DO CÃ **163**

Ao longo desta reflexão, procuramos investigar como se desenvolveu o interesse dos cristãos pelas partes orientais entre os séculos XIII e XIV, principalmente a partir dos relatos de viagem. Para entendermos melhor a atração que esses lugares exerceram nesses homens, buscamos primeiramente notar, em períodos anteriores ao foco desta obra, as justificativas mais recorrentes para ignorar ou mesmo para evitar o conhecimento acerca de terras e povos encontrados fora dos domínios cristãos. Percebemos que a ideia de viagem, tal como ficou consolidada no pensamento monástico anterior ao século XIII, estava em larga medida associada à curiosidade, uma forma de conhecimento então corrompida e sem utilidade para a busca da salvação. Pelo seu potencial de colocar os homens em contato direto com o mundo terreno – com o profano, portanto –, as viagens foram consideradas, especialmente entre os religiosos monásticos, um desvio da disciplina e da conduta virtuosa. Muitos escritos, sobretudo os produzidos até o século XII, aconselhavam os cristãos a renunciar a qualquer desejo de viajar e a desconsiderar eventuais informações sobre o mundo sensível em proveito do aprimoramento da alma. O que esses religiosos desejavam atingir era o cumprimento completo do *contemptus mundi* – a rejeição do mundo –, ideal que pregava o afastamento total da sociedade para assegurar a atenção exclusiva a Deus. Para rejeitar o mundo, assim, era imprescindível ao religioso manter o isolamento dentro dos monastérios, e quando sua saída fosse absolutamente necessária, deveria ignorar ao máximo o mundo à sua volta; concepção que, como pudemos perceber, contribuiu para a manutenção do desinteresse em conhecer alhures.

Essa configuração se alterou a partir da primeira metade do século XIII, motivada, principalmente, pelo surgimento das ordens mendicantes. Como procuramos apontar ainda no primeiro capítulo, a depreciação da curiosidade e o desejo dos religiosos de rejeitar os aspectos profanos do mundo são também perceptíveis entre os franciscanos e dominicanos. A forma de evitar a atenção à curiosidade e ao profano, todavia, alterou-se significativamente, e a realização das viagens ganhou um novo sentido. Para esses frades dos séculos XIII e XIV, comprometidos com a evangelização, era possível ou até mesmo

164 RAFAEL AFONSO GONÇALVES

incontornável passar parte da vida fora dos conventos para cumprir um dos principais objetivos de sua aspiração religiosa, ou seja, difundir o Evangelho para todos os homens.

Com esse fim, dominicanos e franciscanos passaram a frequentar boa parte das rotas medievais na busca de infiéis para converter, entrando, pois, em contato com homens até então pouco conhecidos. Dentre estes, destacam-se os tártaros, homens que chegaram a dominar grande parte da Ásia e despertaram nos cristãos a ambição de converter aquela fatia do mundo conhecido. Para estimular o empenho de outros religiosos em trabalhar pela adesão à fé por esses homens tão diferentes, grande parte dos viajantes procurou descrever com pormenores as características dos orientais. O conhecimento das línguas, dos costumes, da religiosidade, da história e de outros aspectos dos povos orientais passou a ser considerado um aliado na tarefa de adquirir almas para o Cristianismo, ou, ao menos, um meio para se conhecer a vontade de Deus. Relacionado, a partir de então, à sapiência divina e à busca de novos fiéis para a cristandade, esse tipo de conhecimento deixou de ser entendido como uma "vã curiosidade", e ganhou valor dentro da religiosidade cristã. Muitos viajantes se dedicaram, assim, a escrever relatos de viagem, onde se lê "tudo" aquilo que foi visto ou ouvido durante a estadia nas terras dos gentios.

A partir da produção de uma grande quantidade de relatos de viagem às partes orientais, e mais especificamente ao império tártaro, foi possível aos cristãos acumular uma série de conhecimentos sobre aquelas terras, suficiente para formar uma imagem dos orientais que teve vida longa nos reinos da cristandade. Tal imagem, como procuramos analisar no segundo capítulo, foi mais bem delineada no que diz respeito aos tártaros. Acerca destes, o conjunto de enunciados produzidos deixa entrever duas formas distintas de referência – ambas com pretensão à verdade. No que diz respeito à primeira, pode-se dizer que um número significativo de viajantes, sobretudo de meados do século XIII, considerava os tártaros incapazes de se tornarem cristãos, tanto por sua natureza malévola quanto por seus dotes racionais limitados para a compreensão dos preceitos do Cristianismo. Em seus relatos, os tártaros eram descritos como bárbaros, ignorantes, irracionais ou com

CRISTÃOS NAS TERRAS DO CÃ **165**

outras características que enfatizavam traços selvagens e animalescos. As características da região onde viviam corroboravam essa ideia. No território tártaro, esses viajantes viram apenas imensos desertos, ermos, ausência de cidades ou de habitações urbanas e climas tão áridos que pareciam inapropriados à vida humana. Por todas essas características, os tártaros não pareciam aptos a serem convertidos ao Cristianismo, antes aparentavam ser os verdadeiros "inimigos dos cristãos". O viajante dominicano Riccoldo de Monte Croce, por exemplo, chegou a localizá-los, entre todos os povos conhecidos, no extremo oposto da salvação (Riccoldo, 1967, p.163).

No que se refere à outra forma de caracterização dos tártaros, são os traços positivos dos orientais que se sobressaem. Buscamos enfatizar que essas duas formas de definição dos tártaros coexistiram por um longo tempo, reforçando uma dualidade tão comum no pensamento medieval. Para a construção dessa outra forma de descrevê-los, alguns fatores foram centrais: um deles foi a mudança da corte tártara de Caracorum, no Nordeste da Ásia, para Catai, a antiga capital do Império Chinês comandado pela dinastia Jin. Na nova capital, os viajantes depararam-se com um grande conjunto urbano, com cidades que, segundo eles, eram maiores que as já vistas na cristandade. A quantidade da população urbana, como também a variedade de alimentos e metais preciosos, representava, aos olhos desses cristãos, o poder do grande Cã. Tais nuances positivas ressaltadas rapidamente despertaram rumores de uma possível aliança contra os muçulmanos, que há tempos dominavam a Terra Santa. A conquista de Bagdá pelos tártaros foi vista pelos cristãos como sinal de uma provável união, estimulando as ambições de aproximação desses homens de regiões tão distantes. A aliança, como sabemos, nunca foi efetivada, mas a esperança de sua realização foi, sem dúvida, fundamental para a concorrência de uma imagem mais positiva dos tártaros.

Nesse ambiente, grande parte dos frades mendicantes viram nos tártaros potenciais cristãos, passando a atuar mais rigorosamente em sua evangelização. Franciscanos e dominicanos chegaram a repartir a Ásia entre as duas ordens, com o fim de estabelecer mais precisamente suas respectivas áreas de ação, consolidando a visão daquelas terras

166 RAFAEL AFONSO GONÇALVES

como uma grande fonte de "almas para Deus". Assim, como procuramos apontar, esses frades se tornaram os principais responsáveis pela produção dos discursos referentes às partes orientais e atuaram diretamente na construção da forma como os cristãos percebiam aquelas terras. Mesmo com o fim das missões às partes orientais em meados do século XIV, o interesse em observar detalhadamente o mundo à sua volta permaneceu, estimulando outros homens a colocar por escrito tudo aquilo que viam ou ouviam em suas andanças.[5]

Fossem como "inimigos" ou como potenciais cristãos, os viajantes, ao descreverem os tártaros, não deixaram de projetar suas crenças, medos e expectativas. Por isso, nossa proposta não foi, nem de longe, fazer uma história do Império Tártaro, mas sim interrogar que lugar os cristãos reservaram para a "aparição" dos tártaros e de outros povos orientais na história que definiram como história da Salvação. Com essa finalidade, examinamos não só como o interesse missionário dos frades mendicantes contribuiu para a valorização do conhecimento do mundo sensível, como também o papel das inúmeras descrições e apontamentos dos viajantes na criação de um mundo pouco conhecido e na redefinição de certos valores das terras de onde provinham os viajantes.

---

5 Cf. Wolfzettel, 1996.

Referências bibliográficas

Notícias e relatos de viagens

ANDREW, Bishop of Zayton. Letter. In: CATHAY and the Way Thither. Being a Collection of Medieval Notices of China. Trad. and ed. by Henry Yule. London: The Hakluyt Society, 2005, v.III, p.71-5.

BULLS of Pope Innocent IV addressed to the emperor of the Tartars. In: DAWSON, C. *The Mongol Mission*. Narratives and Letters of the Franciscan Missionaries in Mongolia and China in the Thirteenth and Fourteenth Centuries. Nova Iorque: Sheed and Ward, 1955, p.73-8.

CARPINE, J. de P. del. História dos mongóis. In: _____. et al. *Crônicas de viagem:* Franciscanos no extremo oriente antes de Marco Pólo (1245-1330). Porto Alegre: Edipucrs; Edusf, 2005, p.9-98.

CARTA do Cã a Inocêncio IV. In : CARPINE, J. de P. del. *Histoire des mongols:* enquéte d'un envoyé d'Innocent IV dans l'Empire Tartare (1245-1247). Paris : Éditions Franciscaines, 1961.

DAVID d'Ashby. Faits des Tartares. In : BRUNEL, C. David d'Ashby, auteur meconnu des Faits des Tartares. *Romania*, v.79, 1958, p.41-3.

EL LIBRO de Marco Polo. [S.l.]: Editorial Medi, 2010.

FRIAR JORDANUS. Letter. In: CATHAY and the Way Thither. Being a Collection of Medieval Notices of China. Trad. and ed. by Henry Yule. London: The Hakluyt Society, 2005, v.III, p.75-80.

GRÉGOIRE De Nysse. Letrre sur ceux qui vont à Jérusalém, à Censitor. In : MARAVAL, P. *Recits des premiers pelerins chretiens en Proche-Orient.* Paris: Editions du Cerf, 1996, p.24-7.

HAMELIUS, P. *Mandeville's Travels.* 2 vol. Introdução e Notas. Londres: Early English Text Society, 1923.

INNOCENT IV. Dei patris immnsa. In: DAWSON, C. *The Mongol Mission.* Narratives and Letters of the Franciscan Missionaries in Mongolia and China in the Thirteenth and Fourteenth Centuries. Nova Iorque: Sheed and Ward, 1955, p.73-5.

JEAN de Mandeville. *Le Livre des merveilles du monde.* Édition critique par Christiane Deluz. Paris: Éditions du CNRS, 2000.

LETTER of Sempad. In: CATHAY and the Way Thither. Being a Collection of Medieval Notices of China. Trad. and ed. by Henry Yule. London: The Hakluyt Society, 2005, v.I, p.262-3.

LETTRE d'Innocent IV au Khan de tous les tartars. In: CARPINE, J. de P. del. *Histoire des Mongols.* Paris: Franciscaines, 1961.

MARIGNOLLI, J. de. *Au jardin d'Éden.* Traduit du latin, présenté et annoté par Christine Gadrat. Toulouse: Éditions Anacharis, 2009.

MATTHEW Paris' English History. V.I. Trad. Rev. J. A. Giles. London: [s.n.], 1852.

MONTECORVINO, J. de. Cartas. In: CARPINE, J. de P. del et al. *Crônicas de viagem:* Franciscanos no extremo oriente antes de Marco Pólo (1245-1330). Porto Alegre: Edipucrs; Edusf, 2005, p. 246-65.

O LIVRO DE MARCO PÓLO. [S.l.]: Colares, 2000.

PARIS, M. *Grande Chronique.* Vol. VI. Trad. Par A. Huillard-Bréholles. Paris: Éd. Paulin, 1840.

PASCAL of Vittoria. Letter. In: CATHAY and the Way Thither. Being a Collection of Medieval Notices of China. Trad. and ed. by Henry Yule. London: The Hakluyt Society, 2005, v.III, p.81-8.

PORDENONE, O. de. Relatório. In: CARPINE, J. de P. del et al. *Crônicas de viagem:* Franciscanos no extremo oriente antes de Marco Pólo (1245-1330). Porto Alegre: Edipucrs; Edusf, 2005, p.267-337.

RICCOLDO de Monte Croce. *Pérégrination en Terre sante et au Proche-Orient.* Texte latin et traduction. Lettres sur la chute de Saint-Jean-d'Acre. Trad. Par René Kappler. Paris: Honoré Champion, 1997.

———. Libelli ad nationis orientalis. *Archivum fratrum praedicatorum,* v.XXXVII, 1967, p.162-70.

RUBRUC, G. de. Itinerário. In: CARPINE, J. de P. del et al. *Crônicas de viagem:* Franciscanos no extremo oriente antes de Marco Pólo (1245-1330). Porto Alegre: Edipurs; Edusf, 2005, p.105-243.

CRISTÃOS NAS TERRAS DO CÃ **169**

SÉVÉRAC, J. C. Les Mirabilia descripta. In: GADRAT, C. *Une image de l'orient au XIVème siècle:* les Mirabilia descripta de Jordan Catala de Sévérac. Paris: École des chartes, 2005, p.239-96.

SOLTANIA, Arcebishopof. The Book of the Estate of the Great Caan. In: CATHAY and the Way Thither. Being a Collection of Medieval Notices of China. Trad. and ed. by Henry Yule. London: The Hakluyt Society, 2005, v.III, p.89-103.

THE VINLAND Map and the Tartar Relation. SKELTON, R. A., MARSTON, T. E.; PAINTER, G. D. New Haven: Yale University Press, 1965.

VIAGENS de Jean de Mandeville. Tradução, introdução e notas de Susani Lemos França. Bauru: Edusc, 2007.

VERDON, J. *Voyager au Moyen Age.* Paris: Perrin, 1998.

VOYAGE de frere Ascelin et ses compagnons vers les tartares. In: BERGERON, P. *Voyages faits principalement en Asie, dans les XII, XIII, XIV, et XV siecles, par Benjamin de Tudele, Jean du Plan-Carpin, N. Ascelin, Guillaume de Rubriquis, Marc Paul Venitien, Haiton, Jean de Mandeville, et Ambroise Contarini:* Accompagnes de l'histoire des sarasins et des tartares, 1735, p.68-82. Disponível em: <http://gallica.bnf.fr/>. Acesso em: 15 fev. 2010.

Estudos e outros documentos utilizados

AGOSTINHO. *Confissões.* Livro X, cap.35. Braga: Livrarias Apostoladas da Imprensa, 1990.

AIGLE, D. The Letters of Eljigidei, Hülegü and Abaqa: Mongol Overtures or Christian Ventriloquism? *Inner Asia,* v.7/2, p.143-62, 2009.

ALIGHIERI, D. *A divina comédia:* Inferno [1304-1321]. São Paulo: Editora 34, 1998.

ALSAID, M. *L'image de l'orient chez quelques écrivains français (Lamartine, Nerval, Barrès, Benoit).* Naissance, évolution et déclin d'un mythe orientaliste de l'ère coloniale. [S.l.], 2009. Tese (Doutorado em Lettres et Arts) – Université Lyon 2.

ANNALES, S. Justinae Paravini. Fontes. In: FONTES Franciscanas. Vários tradutores e colaboradores. Santo André: Mensageiro de Santo Antônio, 2004, p.1318-9.

ANÔNIMO. Chronicon Montis Sereni Lemmes L. In: FONTES Franciscanas. Vários tradutores e colaboradores. Santo André: Mensageiro de Santo Antônio, 2004, p.1296-7.

AQUINO, T. *Suma contra os gentios.* Porto Alegre. Sulina. 1990, v.I.

_____. *Suma teológica.* 2.ed. Porto Alegre; Caxias do Sul: Escola Superior de Teologia São Lourenço de Brindes; Livraria Sulina Editora, 1980.

170   RAFAEL AFONSO GONÇALVES

ARAÚJO, H. *Os jesuítas no império da China:* o primeiro século (1582-1680). [S.l.]: Instituto Português do Oriente, 2000.

ARIÈS, P. *Sobre a história da morte no Ocidente desde a Idade Média.* Lisboa: Teorema, 1989.

AUBÉ, P. *Saint Bernard de Clairvaux.* Paris: [s.n.], 2003.

BACON, R. *Obras escolhidas.* Porto Alegre; Bragança Paulista: Edusf, 2006.

BARROS, J. D'. Heresias entre os séculos XI e XV: uma revisitação das fontes e da discussão historiográfica – notas de leitura. *Revista Arquipélago* (Revista da Universidade dos Açores – Portugal), 2007-2008.

BASCHET, J. *A civilização feudal.* Rio de Janeiro: Globo, 2006, p.223-4.

BECKINGHAM, C. *Prester John, the Mongols and the lost tribes.* Aldershot: [s.n.], 1996.

BELTRÁN, R. *Maravillas, peregrinaciones y utopias:* literatura de viajes en el mundo románico. València: Universitat de València, 2002.

BÉRIOU, N. La prédication aux derniers siècles du Moyen Age. *Communications:* L'idéal éducatif, v.72, p.113-27, 2002.

BERLIOZ, J. (org.). *Monges e religiosos na Idade Média.* Lisboa: Terramar, 1996.

BERNARD of Clairvaux. *The Twelve Steps of Humility and Pride.* London: Hodder and Stoughton, 1985.

BERNARDO de Claraval. Sermão sobre o conhecimento e a ignorância. In: LAUAND, L. J. (org.). *Cultura e educação na Idade Média.* São Paulo: Martins Fontes, 1998, p.251-72.

BERTHIER, A. Un Maître orientaliste du XIII siècle: Raymond Martin. *Archivum Fratrum Praedicatorum,* n.6, 1936.

BERTRAND, P. *Commerce avec dame Pauvreté.* Structures et fonctions des couvents de mendiants à Liège (xiiie-xive siècles). Paris: Droz, 2004.

BLANCHARD, J. *Représentation, pouvoir et royauté à la fin du Moyen Age.* Paris: [s.n.], 1995.

BOADAS LLAVAT, A. Los estudios universitarios medievales entre los franciscanos: una aproximación. *El franciscanismo en la Península Ibérica: balance y perspectivas:* I Congreso Internacional, Madrid, 22-27 de septiembre de 2003. Felice Accrocca and María del Mar Graña Cid (eds.). Barcelona: Griselda Bonet Girabet, 2005.

BOULOUX, N. Les formes d'intégration des récits de voyage dans la géographie savante. Quelques remarques et un cas d'étude: Roger Bacon, lecteur de Guillaume de Rubrouck. In: _____. *Géographes et voyageurs au Moyen Age.* Paris: Presses Universitaires, 2010, p.119-46.

BRAET, H.; VERBEKE, W. (eds.). *A morte na Idade Média.* São Paulo: Edusp, 1996.

CRISTÃOS NAS TERRAS DO CÃ **171**

BRÉHIER, L. *L'Église e l'Orient au Moyen Âge*. Paris: Flammarion, 1907.

BREISACH, Ernst. *Historiography:* Ancient, Medieval, & Modern. 3.ed. Chicago: University of Chicago Press, 2007.

BROCKEY, L. M. *Jorney to the East:* the Jesuits Mission to China (1579-1724). [S.l.]: Harvard University Press, 2005.

BRUNEL, C. David d'Ashby, auteur meconnu des Faits des Tartares. *Romania*, [s.l.], v.79, [s.d.].

BULTO, R. Mépris du monde et XIe siècle. *Annales. Économies, Sociétés, Civilisations*. 22e année, n.1, p.223, 1967.

BURR, D. *The Spiritual Franciscans:* From Protest to Persecution in the Century After Saint Francis. [S.l.]: Penn State Press, 2001.

CAMPBELL, M. *The Witness and the Other Word:* Exotic European travel writing: 400-1600. Ithaca. New York: Cornell University, 1998.

CANTOR, N. *In the Wake of the Plague:* The Black Death and the World it made. London: [s.n.], 1997.

CAPPELLI, Â. *Il Chronicon di Francesco Pipino:* Italia e Oriente attraverso. [S.l.]: [s.n.], [s.d.].

CARRIER, J.-L. *Femmes et Féminités D'Orient sous l'Oeil des Occidentaux du XIV au XVIII siècle*: images et représentations. France: Atelier National de Reproduction des Thèses, 1995.

CARTA de Guigo I: a um amigo sobre a vida solidária. Disponível em: <http://www.chartreux.org/textes/pt/GuigoI-VidaSolitaria.htm>. Acesso em: 20 jan. 2011.

CARTAS de São Bruno. Disponível em: <http://www.chartreux.org/textes/pt/Atras_pregadas_Bruno.htm#raul>. Acesso em: 20 jan. 2011.

CAVALO, G., CHARTIER, R. *História da leitura no mundo ocidental*. São Paulo: Ática, 1999, v.2

CHARPENTIER, J. William of Rubruck and Roger Bacon. *Geografiska Annaler*, [s.l.], v.17, 1935.

CHARTIER, R. *A aventura do livro:* do leitor ao navegador. Trad. Reginaldo de Moraes. São Paulo: Editora Unesp; Imprensa Oficial do Estado de São Paulo, 1999.

CHÉLINI, J. *L'Église au temps des schismes (1294-1449)*. Paris: [s.n.], 1982.

CLAVIJO, R. G. *La route de Samarkand au temps de Tamerlan:* relation du voyage de l'ambassade de Castille à la cour de Timour. Paris: [s.n.], 1990.

CODEX Cumanicus: ad templum divi marci venetiarum. Budapeste: Edudio scient, 1880.

CONDE, J. F. Los frailes franciscanos protagonistas de la aventura intelectual de los siglos XIII y XIV. *Espiritualismo. Franciscanismo*, VI semana de estudios medievales, Nájera, [s.d.], p.133-43.

172 RAFAEL AFONSO GONÇALVES

CONGAR, Y. Aspects ecclésiologiques de la querelle entre mendiants et séculiers, dans la seconde moitié du XIIIe siécle et le debut du XIVe. *Archives d'Histoire doctrinale et littéraire du Moyen Âge*, [s.l.], 1961.

CONNOLLY, D. Imagined Pilgrimage in the Itinerary Maps of Matthew Paris. *The Art Bulletin*, [s.l.], v.81, n.4, p.598-622, 1999.

CONSTABLE, G. Monachisme et pèlerinage au Moyen Age. *Revue Historique*, v.258, 1977.

_____. *Three Studies in Medieval Religious and Social Thought*. Cambridge: CUP, 1995, p.3-27.

CRONACA di Fra Salimbene Parmigiano dell' ordine dei minori. ADAMO, C. C. (ed.). Parma: Luigi Battei Editore, 1882, v.I

CRÔNICA de Jordão de Giano. *Cadernos da espiritualidade franciscana*. Braga: Editorial Franciscana, 2008.

DANIEL, E. *The Franciscan Concept of Mission in the High Middle Ages*. Nova Iorque: Franciscan Pathways, 1992.

DAVRIL, A.; PALAZZO, E. *La vie des moines au temps des grandes abbayes (Xe- -XIIIe siècles)*. Paris: Hachette, 2000.

DELARUELLE, E; OURLIAC, P. *L'Église au temps du Grand Schisme et de la crise conciliaire (1378-1449)*. Paris: [s.n.], 1962; 1964.

DELATTE, D. P. *Commentaire sur la règle de Saint Benoit*. Paris: Librairie Plon; Maison Alfred Mame et fils, 1948.

DELUMEAU, J. *A história do medo no Ocidente*. São Paulo: Companhia das Letras, 1989.

DICIONÁRIO Larousse Cultural. [S.l.]: Nova Cultural, 1992.

DIJK, W. Saint François et le mépris du monde. *Études franciscaines*, [s.l.], v.XV, p.165, supplément 1965.

DONDAINE, A. Ricoldiana: notes sur les ouvres de Ricoldo da Montecroce. *Archivum fratrum praedicatorum*, [s.l.], v.XXXVII, p.137-42, 1967.

DOUAIS, C. *Les albigeois*: leurs origines, action de l'Église au XIIe siècles. Paris: Didier, 1879.

DUBY, G. *As três ordens ou o imaginário do feudalismo*. Lisboa: Estampa, 1992.

_____. Heresias e sociedades na Europa pré-industrial, séculos XI-XVIII. In: _____. *Idade Média – Idade dos Homens*. São Paulo: Companhia das Letras, 1990, p.175-84.

_____. *O domingo de Bouvines*. Rio de Janeiro: Paz e Terra, 1993.

_____. *O ano mil*. Lisboa: Edições 70, [s.d.].

DUBY, G.; PERROT, M. (dirs.). *História das mulheres no Ocidente*: a Idade Média. Porto: Afrontamento, 1990.

CRISTÃOS NAS TERRAS DO CÃ   173

DUPRONT, A. *Du Sacre:* croisades et pèlerinages: images et languages. Paris: Gallimard, 1987.

FALBEL, N. *Os espirituais franciscanos.* São Paulo: Edusp; Fapesp; Perspectiva, 1995.

_____. *Heresias medievais.* São Paulo: Perspectiva, 1999.

FAVIER, J. *Les Papes d'Avignon.* Paris: Fayard. 2006.

FERRIÈRES, M. *Histoire des peurs alimentaires:* du Moyen Age à l'aube do XXe siècle. [S.l.]: Fondo de Cultura Econômica, 1986.

FOUCAULT, M. *A ordem do discurso.* São Paulo: Loyola, 1996.

FRANÇA, S. S. L. Introdução. In: VIAGENS de Jean de Mandeville. Bauru: Edusc, 2007, p.13-29.

GADRAT, C. *Une image de l'Orient au XIV siècle:* les Mirabilia descripta de Jordan Catala de Sévérac. Paris: École des chartes, 2005.

GATIER, P. Des femmes du desert? In: BERLIOZ, J. *Moines et religieux au Moyen Âge.* Paris: Du Seuil, 1994, 171-87.

GAUTIER, A. *Alimentations médiévales Ve-XVIe siècle.* [S.l]: Parution, 2009.

GEORGES, D. *Saint Bernard et l'art cistercien.* Paris: Flammarion, 1977.

GILSON, E. *La Theologie mystique de St. Bernard.* Paris: Imprenta, 1934.

_____. *A Filosofia na Idade Média.* São Paulo: Martins Fonte, 1995.

_____. *O espírito da Filosofia medieval.* São Paulo: Martins Fontes, 2006.

GIUCCI, G. *Viajantes do maravilhoso.* São Paulo: Companhia das Letras, 1992.

GOTTFRIED, R. *The Black Death:* Natural and Human Disaster in Medieval Europa. London: [s.n.], 1983.

GRABOÏS, A. *Le pèlerin occidental en Terre sainte au Moyen Age.* Paris: [s.n.], 1998.

GUENÉE, B. *Histoire et culture historique dans l'occident médiéval.* Paris: Aubier Montaigne, 1980.

_____. *O Ocidente nos séculos XIV e XV:* os Estados. São Paulo: Pioneira; Edusp, 1981.

_____. Histoire et chronique. Nouvelles réflexions sur lês genres historiques au Moyen âge. In: POIRION, d. *La Cronique et l'histoire au Moyen âge* Paris: Presses de L'Université, 1982, p.3-12.

GUERET-LAFERTÉ, M. Le voyageur et le géographe. L'insertion de la relation de voyage de Guillaume de Rubrouck dans l'Opus majus de Roger Bacon. In: *La géographie au Moyen Âge. Espaces pensés, espaces vécus, espaces rêvés,* Actes du colloque organisé à Arras en 1998 par la Société de langue et de littérature médiévales d'oc et d'oïl, "Perspectivesmédiévales", supplément au n.24, 1998, p.81-96.

174 RAFAEL AFONSO GONÇALVES

GUILLAUME de Nangis. *Recueil des historiens des Gaules et de la France*. Tome 20, p.359-67. Disponível em: <http://gallica.bnf.fr/>. Acesso em: 15 fev. 2010.

HALLBERG, I. *L'Extrême Orient dans la littérature et la cartographie de l'Occident des XIIIe, XIVe, et XVe siècles*: étude sur l'histoire de la géographie. Göetborg: [s.n.], 1906.

HAMELIUS, P. *Mandeville's Travels*. 2 vol. Introdução e Notas. Londres: Early English Text Society, 1923.

HARDICK, L. Pobreza, pobre. In: CAROLI, E. *Dicionário franciscano*. Petrópolis: Vozes, 1999, p.586-99.

HARRISON, P. Curiosity, Forbidden Knowledge, and the Reformation of Natural Philosophy in Early Modern England. *Isis*, [s.l.], v.92, n.2 (jun. 2001), p.266. Disponível em: <http://www.jstor.org/stable/3080629>. Acessado em: 23 set. 2010.

HARTOG, F. *Memória de Ulisses*. Narrativas sobre a fronteira na Grécia antiga. Belo Horizonte: Editora UFMG, 2004.

HASKINS, C. H. *The Renaissance of the Twelfth Century*. Cambridge: Harvard University Press, 1927.

HINNEBUSH, W. *Breve história dos pregadores*. Porto: Secretariado da Família Dominicana, 1985.

HOOPER, G.; YOUNGS, T. *Perspectives on Travel Writing*. [S.l.]: Ashgate, 2004.

HOWARD, D. R. *The Three Temptations*. Medieval Man in search of the world. Princeton, New Jersey: Princeton University Press, 1966.

_____. *Writers and Pilgrims:* Medieval Pilgrimage Narratives and their Posterity. Berkeley: [s.n.], 1980.

HUGHES, K. The Changing Theory and Practice in Irish Pilgrimage. *Journal of Ecclesiastical History*, [s.l.], v.XI, [s.d.].

HUGO de São Vitor. *Didascálicon:* da arte de ler. Trad. Antonio Marchionni. Rio de Janeiro: Vozes, 2001.

HUMBERT of Romans. *Treatise on Preaching*. Westminster: Newman Press edition, 1951.

HULME, P.; YOUNGS, T. *The Cambridge Companion to Travel Writing*. [S.l.]: CUP, 2002.

IOGNA-PRAT, D. *Ordonner et exclure*. Cluny et la société chrétienne face à l'hérésie, au judaïsme et à l'islam (1000-1150). Paris: Aubier, 1998.

IWAMURA, S. *Manuscripts and Printed Editions of Marco Polo travel's*. Tóquio: [s.n.], 1949.

JACKSON, P. *The Mongols and the West*. 1221-1410. London: Pearson; Longman, 2005.

CRISTÃOS NAS TERRAS DO CÃ **175**

JACQUES de Vitry. Da Ordem e da pregação dos Frades Menores. In: FONTES Franciscanas. Santo André: Mensageiro de Santo Antonio, 2005, p.1306-10.

JONES, W. R. The Image of the Barbarian in Medieval Europe. *Comparative Studies in Society and History*, [s.l.], v.13, 1971.

JORDÃO de Jano. Crônica. In: *FONTES Franciscanas*. Vários tradutores e colaboradores. Santo André: Mensageiro de Santo Antônio, 2004, p.1259-90.

KAPPLER, C. *Monstros, demônios e encantamentos no fim da Idade Média*. Trad. Ivone Castilho Benedetti. São Paulo: Martins Fontes, 1994.

KLOPPROGGE, A. Das Mongollenbild im Abenland. In: CONERMANN, S.; KUSBER, J. *Die Mongolen in Asien und Europa*. Frankfurt-am-Main: [s.n.], 1997, p.81-101.

LABHARDT, A. Curiositas, notes sur l'histoire d'un mot et d'une notion. *Museum Helveticum*, [s.l.], v.17, 1960.

LAMBERT, M. D. *Povertà Francescana*. La dottrina dell'assoluta povertà di Cristo e degli Apostoli nell'Ordine Francescano (1210-1323). Milano: Edizioni Biblioteca Francescana, 1995.

LANCIANI, G.; TAVANI, G. (orgs. e coords.). *Dicionário da literatura medieval galega e portuguesa*. Lisboa: Caminho, 1993.

LANE, G. *Early Mongol Rule in Thirteenth-Century Iran*: A Persian Renaissance. London: Routledge Curzon, 2003;

LAURIOUX, B. *Manger au Moyen Age:* pratiques et discours alimentaires en Europe au XIVe et XVe siècles. [S.l.]: [s.n.], [s.d.].

LE GOFF, J. *As doenças têm história*. Lisboa: Terramar, 1985.

_____. *Os intelectuais na Idade Média*. São Paulo: Brasiliense, 1993.

_____. As ordens mendicantes. In: BERLIOZ, J. (org.). *Monges e religiosos na Idade Média*. Lisboa: Terramar, 1996, p.173-89.

_____. *São Francisco de Assis*. Rio de Janeiro: Record, 2001.

LECLERCQ, J. La separation du monde dans le monachisme au moyen âge. In: _____. *La séparation du monde*. Paris: Editions du Cerf, 1961, p.75-94.

_____. *St. Bernard et l'esprit cistercien*. Paris: Maîtres Spirituels, 1966.

_____. *Bernard of Clairvaux and the Cistercian Spirit*. [S.l.]: Cistercian Publications, 1976.

_____. *Bernard de Clairvaux*. Paris: Desclée, 1989.

LEGENDA dos três companheiros. In: FONTES Franciscanas. Santo André: Mensageiro de Santo Antonio, 2005, p.609-62.

LETTS, A. R. *Sir John Mandeville:* the Man and the Book. Londres: [s.n.], 1959.

LIBELLUS de notitia orbis. In: KERN, A. *Archivum fratrum praedicatorum*, [s.l.], v.8, 1938, p.111-3.

LOENERTZ, P. Les missions dominicaines en Orient au XIV siècle et la Société des Freres Pérégrinants pour le Christ. *Archivum fratrum praedicatorum.* [s.l.], tome II, 1932.

LÚLIO, R. Carta ao papa Celestino V. In: SÉNAC, P. *L'image de l'autre.* L'Occident médieval face à l'Islam. Paris: Flammarion, 1983.

MAJOR, R. (ed.). The Travels of Athanasius Nikitin. In: *India in the Fifteenth Century.* Hakluyt Society.. London: Hakluyt Society, 1857, v.22.

MALEVAL, M. Da retórica medieval. In: MASSINI-CAGLIARI, G. et al. (orgs.). *Metodologias* – Série Estudos Medievais, v.1. Rio de Janeiro: Grupo de Trabalho Estudos Medievais da Anpoll, 2008, p.1-27.

MANSELLI, R. *São Francisco de Assis.* Petrópolis: Vozes; FFB, 1997.

MARC-BONNET, H. *Histoire des Ordres Religieux.* Paris: Presses Univ. de France, 1968.

MARROU, H. *Saint Augustin et la fin de la culture antique.* Paris: De Boccard, 1938.

MARTINO, P. *L'Orient dans la Littérature française au XVIIe et au XVIIIe siècle.* Paris: Hachette, 1906.

MOLLAT, M. *Grands voyages et connaissance du monde di milieu du XII à fin du XV siècle.* Paris: [s.n.], 1966.

————. Os pobres na Idade Média. Rio de Janeiro: Campus, 1989.

————. *Les explorateurs du XIIIe au XVIe siècle.* Premiers regards sur des mondes nouveaux. Paris: Editions du C.T.H.S, 1992.

MOMIGLIANO, A. *As raízes clássicas da Historiografia moderna.* Bauru: Edusc, 2004.

MONTAIGNE, M. de. *Ensaios.* São Paulo: Nova Cultura, 2000.

MOREAU, J. *De la connaissance selon S. Thomas D'Aquin.* Paris: Beachesne, [s.d.].

MURPHY, J. J. *La Retórica en la Edad Media.* Historia de la teoría de la retórica desde San Augustín hasta el Renacimiento. México: Fondo de la Cultura Económica, 1986.

NENAD, F. Les Balkans aux yeux des voyageurs occidentaux au Moyen Age. *Actes des congrès de la Société des historiens médiévistes de l'enseignement supérieur public.* 26e congrès, Aubazine, 1996.

NEWTON, A. P. *Travel and Travellers of the Middle Ages.* New York: Barnes & Noble, 1968.

NICOLO di Conti. Viaggio de Nicolo di Conti. In: RAMUSIO, G. *Navigazioni e viaggi.* Turin: [s.n.], 1979.

O'GORMAN, E. *A invenção da América*: reflexão a respeito da estrutura histórica do Novo Mundo. São Paulo: Unesp, 1992.

CRISTÃOS NAS TERRAS DO CÃ **177**

OHLER, N. *The Medieval Traveller.* [S.l.]: The Boydell Press, 1989.

OLICHON, M. *Les missions.* Histoire de l'expansion du catholicisme dans le monde. [S.l.]: Bloud e Gay, 1936.

PACAUT, M. *Les ordres monastiques et religieux au Moyen-âge.* Paris: Nathan, 1970.

PELLIOT, P. *Notes on Marco Polo.* Paris: Librarie Adrien-Maisonneuve, 1959.

PEDRO, O VENERÁVEL. Epistola de translatione sua. In: IOGNA-PRAT, D. *Ordonner et exclure.* Cluny et la société chrétienne face à l'hérésie, au judaïsme et à l'islam (1000-1150). Paris: Aubier, 1998.

POUZET, P. Le pape Innocent IV à Lyon. Le concile de 1245. *Revue d'histoire de l'Église de France,* [s.l.], tome 15, n.68, p.281-318, 1929.

POWER, E. The Opening of the Land Routes to Cathay. In: NEWTON, A. P. *Travel and Travellers of the Middle Ages.* New York: Barnes & Noble, 1968, p.124-58.

QUELLER, D. *The Office of Ambassador in the Middle Ages.* New Jersey: Princeton University Press, 1967.

RACHEWILTZ, I. *Papal Envoys to the Great Khans.* Stanford: [s.n.], 1971.

RAYMOND, É. Directorium ad passagium faciendum. In: GADRAT, C. *Une image de l'orient au XIVème siècle*: les Mirabilia descripta de Jordan Catala de Sévérac. Paris: École des chartes, 2005.

REGNIER-BOHLER, D. (dir.). *Croisades et pèlerinages, récits, chroniques et voyages en Terre sainte XIIe-XVIe siècle.* Paris: [s.n.], 1997.

REGRA de São Bento. In: PACÔMIO et al. *Regra dos monges.* São Paulo: Paulinas, 1993.

RICHARD, J. *La papauté et les missions d'Orient au moyen âge (XIIIe-XVe siècles).* Rome: Collection de l'École Française de Rome 33, 1998.

_____. *L'Extrême-Orient légendaire au Moyen Âge*: Roi David e Prète Jean. Annales d'Ethiopie, v.2, n. 2, 1957, pp. 225-44. Disponível em: <http://www.persee.fr/web/revues/home/prescript/article/ethio_0066-2127_1957_num_2_1_1272>. Acesso em: 20 fev. 2010.

_____. *Les récits de voyage et de pèlerinage.* Turnhout: [s.n.], 1981.

_____. L'enseignement dês langues orientales en Occident au Moyen Age. *Revue des études islamiques.*[s.l.], n.44, 1976.

_____. Essor et déclin de l'Église catholique de Chine au XIVe siècle. *Bulletin de la Société des missions étrangères,* [s.l.], tome 134, 1960.

ROSSABI, M. *Khubilai Khan*: His Life and Times. Los Angeles: University of California Press, 1989.

ROUX, J. P. *Les explorateurs au Moyen Age.* Paris: Fayard, 1985.

178 RAFAEL AFONSO GONÇALVES

ROWLING, M. *Everyday Life of Medieval Travellers*. Nova Iorque: Dorset Press, 1971.

RUBY, C. Rusticien de Pise. In: HASENOHR, G.; ZINK, M. *Dictionnaire des lettres françaises:* le Moyen Âge. Paris; Fayard, 1992.

RYAN, J. Conversion or the Crown of Martyrdom: Conflicting Goals for Fourteenth Century Missionaries in Central Asia? In: GYUG, F. *Medieval Cultures in Contact*. New York: Fordham Univ Press, 2003, p.19-38.

_____. Conversion vs. Baptism? European Missionaries in Asia in the Thirteenth and Fourteenth Centuries. In: MULDOON, J. *Varieties of Religious Conversion in the Middle Ages*. Gainsville: University Press of Florida, 1997, p.146-67.

_____. To Baptize Khans or to Convert Peoples? Missionary Aims in Central Asia in the 14th Century. In: ARMSTRONG, G; WOOD, I. *Christianizing Peoples and Converting Individuals*. Turnhout: Brepols, 2000, p.247-57.

SAID, E. Orientalismo: o Oriente como invenção do Ocidente. São Paulo: Companhia das letras, 1990.

SAN Bernardo de Claraval. *Obras completas de San Bernardo*. Madrid: Biblioteca de Autores Cristianos, 1990, v.VII.

SÃO Boa Ventura. Legenda Maior de São Francisco. In: FONTES Franciscanas. Vários tradutores e colaboradores. Santo André: Mensageiro de Santo Antônio, 2004, p.433-604.

SÃO Francisco de Assis. Testamento. In: FONTES Franciscanas. Santo André: Mensageiro de Santo Antonio, 2005, p.83-85.

_____. Regra bulada. In: FONTES Franciscanas. Santo André: Mensageiro de Santo Antonio, 2005, p.62-8.

_____. Regra não bulada. In: FONTES Franciscanas. Santo André: Mensageiro de Santo Antonio, 2005, p.41-61.

SCHMIEDER, F. Cum hora undecima: The Incorporation of Asia into the orbis Christianus. In: ARMSTRONG, G; WOOD, I. *Christianizing Peoples and Converting Individuals*. Turnhout: Brepols, 2000, p.259-65.

_____. Felicitas. Tartarus valde sapiens et eruditus in philosophia – La langue des missionnaires en Asie. *L'étranger au Moyen Âge*. Actes du XXXe congrès de la SHMESP, Göttingen, 1999. Paris: Publ. de la Sorbonne, 2000. p.271-81.

SCHMITT, J.-C. Os vivos e os mortos na sociedade medieval. São Paulo: Companhia das Letras, 1999.

SÉNAC, P. *L'image de l'autre*. L'Occident médiéval face à l'Islam. Paris: Flammarion, 1983.

CRISTÃOS NAS TERRAS DO CÃ **179**

SÊNECA. *Da tranquilidade da alma.* São Paulo: Abril, 1973. (Coleção Os Pensadores)

SIGAL, P.-A. *Les marcheurs de Dieu.* Pèlerinages et pèlerins au Moyen Age. Paris: Armand Colin, 1974.

SILVERBERG, R. *The Realm of Prester John.* [S.l.]: Ohio University Press, 1996.

SOUTHERN, R. *The Making of the Middle Ages.* New Haven: Yale University Press, 1953.

SORANZO, G. Il papato, l'Europa christiana e i tartari. Milan: [s.n.], 1930.

SPULER, B. *Les Mongols.* Paris: Payot, 1961.

_____. *History of the Mongols.* New York: Princenton Press, 1988.

STAGL, J. *A History of Curiosity:* The Theory of Travel 1550-1800. Chur, Switzerland: Harwood Academic Publishers, 1995.

SUDHEIM, L.. Le Chemin de la Terre sainte. In: REGNIER-BOHLER, D. (dir.). *Croisades et pèlerinages, récits, chroniques et voyages en Terre sainte XIIe-XVIe siècle.* Paris: [s.n.], 1997, p.1029-56.

THEVENET, J. *La Mongolie.* [S.l.]: Karthala. 2007.

TIPTON, C. L. *Nationalism in the Middle Ages.* New York: Holt, Rinchart and Winston, 1972.

TOLAN, J. *Les sarrasins.* Paris: Aubier, 2003.

_____. *Saint Francis and the Sultan:* The Curious History of a Christian-Muslim Encounter. [S.l.]: Oxford University Press, 2009.

TOMÁS de Celano. Segunda vida. In: FONTES Franciscanas. Santo André: Mensageiro de Santo Antonio, 2005, p.287-432.

TÖPFER, B. Escatologia e milenarismo. In: LE GOFF, J.; SCHMITT, J. C. (dirs.). *Dicionário temático do Ocidente Medieval.* Bauru: Edusc, 2002, v.I, p.353-66.

TORRES SANS, X.. La historiografia de les nacions abans del nacionalisme (i després de Gellner i Hobsbawm). *Manuscrits,* [s.l.], n.19, p.21-42, 2001.

TREMBOVLER, L. *Disease: a sign of piety?* Some Moral Associations of Disease in Medieval Society. Israel: The Hebrew University of Jerusalem, 1994.

VAN DENWYNGAERT, A. Methode d'apostolat des missionnaires des XIII et XIV siècçes en Chine. *France franciscaine:* documents de théologie, philosophie, histoire, [s.l.], tome XI, n.1, p.175-7, 1928.

VAUCHEZ, A. *Les laics au moyen age.* Pratiques et experiénces religieuses. Paris: Cerf, 1987.

_____. *A espiritualidade na Idade Média ocidental:* séculos VIII a XIII. Rio de Janeiro: Jorge Zahar, 1995.

180 RAFAEL AFONSO GONÇALVES

VERGER, J. Studia et Universités. *Le scuole degli Ordini Mendicanti (secoli XIII-XIV)*. Atti del XVIII Conv. intern., Todi 11-14 ott. 1976, Todi, 1978.

_____. *As universidades na Idade Média*. São Paulo: Unesp, 1990.

_____. *Cultura, ensino e sociedade no Ocidente nos séculos XII e XIII*. Trad. Viviane Ribeiro. Bauru: Edusc, [s.d.].

VERNET, F. *Les ordres mendiants*. Paris: Bloud and Gay, 1933.

VEYNE, P. *Como se escreve a história*: Foucault revoluciona a história. Brasília: UnB, 1982.

VICAIRE, M. H.; VANSTEENKISTE, C. L'inpiration missionaire de Saint Dominique. In: DELACROIX, S. (org.). *Histoire universelle des missions catholiques*. Paris: Editions de l'Acanthe, 1956.

WALCKENAER, C. A. *Vies de plusieurs personnages célèbres des temps anciens et modernes*. [S.l.]: [s.n.], [s.d.], v.II.

WARNER, G. F., Life of Mandeville. In: DICIONARY of national biography. Oxford: Oxford University Press, 1885; 1901.

WENDOVER, R. Chronica. In: FONTES Franciscanas. Santo André: Mensageiro de Santo Antonio, 2005.

WITTKOWER, R. *L'Orient fabuleux*. Paris: Thames and Hudson, 1991.

WOLFZETTEL, F. *Le discours du voyageur*. Paris: PUF, 1996.

WOODS, D *Christianizing Peoples and Converting Infidels*. Turnhout: Brepols Press, 2000.

WYNGAERT, V. den. Querelles du Clergé séculier et des Ordres Mendiants à l'Université de Paris au XIIIe siècle. *France Franciscaine*, [s.l.], n.5, 1922.

ZACHER, C. *Curiosity and Pilgrimage:* The Literature of Discovery in Fourteenth-Century England. Baltimore: Johns Hopkins University Press, 1976.

ZUMTHOR, P. *La medida del mundo:* representatión del espacio en la Edad Media. Madrid: Cátedra, 1994.

ANEXOS

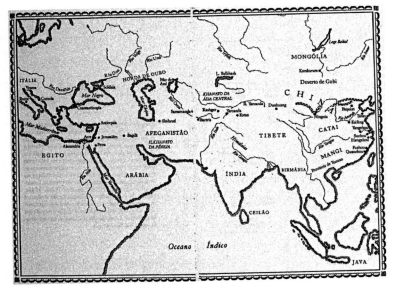

Mapa da Ásia extraído de Wood, 1997.

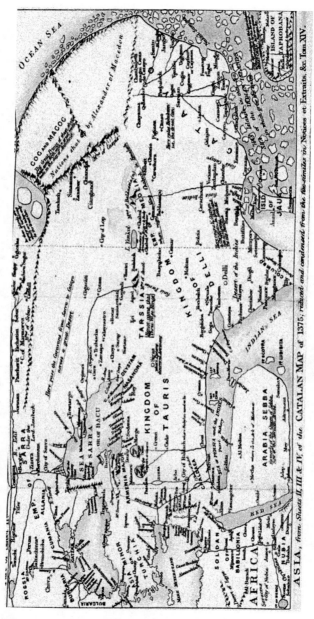

Mapa catalão de 1375 extraído de Cathay, 2005, v.III.

CRISTÃOS NAS TERRAS DO CÃ 183

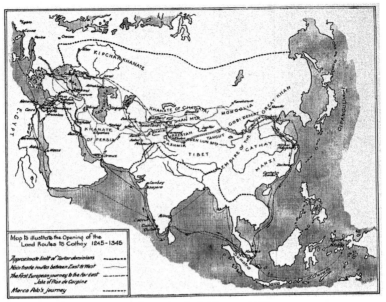

Mapa das rotas de viagem para Ásia extraído de Newton, 1968.

SOBRE O LIVRO

Formato: 14 x 21 cm
Mancha: 23,7 x 42,5 paicas
Tipologia: Horley Old Style 10,5/14
Papel: Offset 75 g/m^2 (miolo)
Cartão Supremo 250 g/m^2 (capa)
1ª edição: 2013

EQUIPE DE REALIZAÇÃO

Coordenação Geral
Marcos Keith Takahashi

Impressão e Acabamento:

psi 7

Printing Solutions & Internet 7 S.A